RIENZI EL TRIBUNO
EL PADRE JUAN
TEATRO:

BIBLIOTECA DE ESCRITORAS

CONSEJO EDITOR
Elena Catena
Marina Mayoral
Amparo Soler
Matilde Vázquez

Secretaría: Cristina Enríquez de Salamanca

ROSARIO DE ACUÑA Y VILLANUEVA

RIENZI EL TRIBUNO
EL PADRE JUAN
Teatro

Edición, introducción y notas
de
MARÍA DEL CARMEN SIMÓN PALMER

EDITORIAL CASTALIA

INSTITUTO DE LA MUJER

Copyright © Editorial Castalia, S.A. 1989

Zurbano, 39 - 28010 Madrid - Tels. 419 89 40 - 419 58 57

Cubierta de Víctor Sanz

Impreso en España, Printed in Spain

por Unigraf, S.A. (Móstoles) Madrid

I.S.B.N. 84-7039-563-7

Depósito Legal: M. 14.521 - 1990

SUMARIO

Introducción

La figura de Rosario de Acuña es hoy prácticamente desconocida para nosotros, a pesar de su importante y polémica obra. Si en sus primeros pasos literarios pronosticaba ser una más de las escritoras del momento, su evolución ideológica la llevó a convertirse en la pionera de la literatura femenina del librepensamiento español.

Cualquier género, ya fuera drama, ensayo o periodismo le sirvió para intentar transformar la sociedad burguesa en que había nacido. Ésta, no acostumbrada a que sus autoras se adentraran en el campo de las ideas filosóficas, y menos aún si eran heterodoxas, la condenó al aislamiento. La defensa a ultranza de sus principios ocasionó grandes escándalos, recogidos y aumentados por la prensa que, unas veces a favor y otras en contra, le proporcionaron una publicidad ajena a sus deseos. Así tuvo el raro privilegio de ser la primera autora teatral a la que clausuraron el teatro en que había estrenado *El Padre Juan* y años más tarde la primera que salió expulsada de España a causa de un artículo que se consideró ofensivo. Esta actitud incómoda para la sociedad explica quizá el olvido en que cayó su obra.

Una figura tan especial fue admirada por unos que la calificaron como "una gran mística" (J. Francos Rodríguez), "mártir de la libertad del siglo XIX" (Enrique D. Madrazo), "santa que no creía" o "la escritora española que más se parece a Teresa de Cepeda" (Roberto Castrovido) y vilipendiada y atacada por otros que deslizaron dudas sobre su feminidad y su cordura. La opinión más común fue la de José Gutiérrez Abascal, Kasabal: "La señora Acuña es para los hombres una literata, y para las mujeres una librepensadora, y no inspira entre unos y otras simpatías"[1]. Criado y Domínguez achacaba su "desvío" y sus peregrinas ideas en materia religiosa a su dedicación a los estudios filosóficos, y aunque se declaraba enemigo franco y decidido de las ideas de Rosario de Acuña, no perdía la esperanza en que el hecho de ser española y su talento le hicieran conocer dónde estaba la verdad[2].

Rosario de Acuña nace en Madrid en el año 1851 en una familia de la aristocracia de la que heredará el título de condesa de Acuña, que no usará nunca. Son sus padres Felipe de Acuña y Solís y Dolores Villanueva y es descendiente de la familia del obispo Acuña, impulsor de la insurrección de las Comunidades castellanas.

Con graves problemas en la vista desde su nacimiento, de los cuatro hasta los dieciséis años estuvo casi ciega, luego mejoró algo pero sin llegar nunca a disfrutar de una visión correcta. Compensó esta dolencia, bastante general entre sus colegas, con una vigorosa complexión a la que sin duda ayudaría la vida saludable en el campo.

Los primeros años asiste a un colegio de monjas pero su ceguera le impide continuar las clases y le facilita en cambio esa introspección que es evidente en su obra. Comien-

1. *El Salón de la moda*, 1884-IV-28.
2. Criado y Domínguez: *Literatas españolas del siglo XIX*. Madrid, 1889.

8

za a viajar al extranjero en cuanto sus condiciones físicas se lo permiten y adquiere así una formación desconocida para otras jóvenes de su tiempo. No pasa en consecuencia por el aprendizaje de las asignaturas "de adorno" ni de todo aquello que se consideraba apropiado en su clase social para las mujeres.

En 1867 visita la Exposición de París y reside en Italia durante el periodo en que su tío, el historiador Antonio Benavides, es embajador. Él probablemente le inculcaría su afición a los temas históricos que luego desarrolló en el teatro. También viaja esos años por Francia y Portugal.

Los primeros trabajos que conocemos, fechados en 1874, son poesías publicadas en la prensa y pronto aparecerá su primer libro, también en verso.

En el año 1876 se produce un acontecimiento memorable: el estreno de su primer drama, *Rienzi el Tribuno*, en Madrid y en el teatro del *Circo*, para lo que es muy probable que contara con el apoyo familiar. Ese mismo año contrae matrimonio con el comandante Rafael de la Iglesia. Hoy llama la atención el comentario que hace algún biógrafo contemporáneo sobre que "no deja de dedicarse a su madre y al hogar", sin duda para destacar la "normalidad" en la conducta de la joven triunfadora[3].

Pasan unos años sin que en apariencia nada perturbe su existencia y su concepto de la sociedad es aún bastante conformista. Sostiene la inutilidad de la emancipación femenina que propugnan muchos, ya que jueces, médicos, etc. hacen lo que sus mujeres les indican. El reino de las mujeres, piensa entonces, está en la conciencia de los hombres y con la emancipación ellos penetrarán en

---

3. *Diccionario enciclopédico Hispano-Americano de Literatura, Ciencias y Artes*, Tomo I. Barcelona. Montaner y Simón. 1896, pág. 398 y Tomo 24. pág. 48.

los abismos del pensamiento femenino. Conviene la instrucción para que el hombre se convenza de que la meditación no lleva al extravío y las deje libres, pero sólo el esclavo se puede manumitir y las mujeres nunca fueron esclavas. Es mejor desempeñar el bufete, a través del marido, sin género alguno de responsabilidades y molestias[4].

También de ese tiempo es la dedicatoria a su madre de unos articulitos que agrupa en libro y donde aparece uno de los escasísimos rasgos de humor en su obra: "Como sé que la literatura de pacotilla tiene el privilegio de sumirte en un profundo sueño, si con estas páginas que te ofrezco logro proporcionarte dulcísimo reposo en las calurosas tardes del estío, por muy satisfecho se quedará el ingenio de tu hija"[5].

En 1882 empieza a hacer públicas unas ideas que no coinciden con las habituales en sus colegas. Al iniciar su colaboración en la única revista específicamente femenina en que va a escribir, *El Correo de la Moda*, aclara lo que piensa de sus lectoras. Las divide en tres grupos: las aristócratas, que viven pendientes de la última moda y no leen; aquellas que la compran por estar a tono, pero que ni siquiera la abren y un tercer sector de mujeres con sentido común donde confía poder ser de alguna utilidad con sus consejos prácticos. Sus ideas sobre la vida en el campo las llevó a la práctica en Pinto.

Hay que hacer notar que *El Correo* fue la revista femenina de más larga duración del pasado siglo y contó con la colaboración de los principales autores de la época. La

4. Acuña, Rosario de: "Algo sobre la mujer", en *Tiempo perdido. Cuentos y bocetos*. Madrid. M. Minuesa. 1881.
5. Acuña, Rosario de: *La siesta. Colección de artículos*. Madrid. G. Estrada. XVIII + 244 págs.

dirigía esos años Joaquina García Balmaseda que había sucedido a otra escritora, Ángela Grassi.

El fallecimiento de su padre a los 55 años de edad, en 1883, fue un golpe del que no conseguirá recuperarse y que la obliga a interrumpir sus trabajos durante una temporada. En adelante aparecerá siempre como destinatario de sus principales obras.

El año 1884 es importante para las mujeres españolas porque por primera vez una de ellas, Rosario de Acuña, consigue subir a una de las cátedras del *Ateneo* para ofrecer una velada poética. Toda la prensa de la capital va a comentar este acontecimiento "sin precedentes".

Dividió su recital en dos partes, dedicando la primera a fragmentos de su poema *Sentir y pensar*, con una introducción dedicada a su padre que algunos cronistas consideraron larga y pesada y el resto a recitar sonetos y cantares ya conocidos. Como era de esperar el entusiasmo del elemento masculino no fue desbordante. Los *Lunes de El Imparcial* comentaba al día siguiente la derrota sufrida aquella noche por los que siempre se habían opuesto a la entrada de la mujer en el *Ateneo*. La tribuna de señoras y la pública se habían llenado de hermosas damas y los hombres habían tenido que resignarse a un papel completamente pasivo, por lo que no era probable que se repitiera la experiencia, si bien en esta ocasión se reconocía que la autora tenía méritos sobrados. No abundaron los elogios a la obra en sí, pero en cambio todos destacaron su admirable modo de leer, su excelente matización y su voz natural y sencilla.

Ortega Munilla, una semana después, aludía a lo mal que por regla general leían los poetas y de ahí el éxito que disfrutaban aquellos días autores mediocres, mientras que fracasaban estrepitosamente otros buenos[6].

6. *El Imparcial*, 1884-abril-20 y 27.

Andrés Borrego, años más tarde, hablaba así de aquella sesión en un *Ateneo* presidido por Cánovas: "El elemento viejo, frío y escéptico de la casa, esa huera derecha, que vino al mundo sin ideas y sin ellas se pasa, sintió un latigazo en la cara al oír aquella voz femenina, vibrante y conmovida, que fustigaba, en versos admirables, los vicios y miserias de esa moral, que reviste las formas más hipócritas"[7]. Comienza ya entonces su obra a ser manipulada y en adelante recibirá elogios o ataques desmesurados, que sirven de pretexto para enfrentamientos políticos.

Rosario de Acuña, partidaria del matrimonio civil, legitimado en España en 1870, no es feliz en el suyo y con la valentía que la caracteriza decide separarse de su marido, al que acusa de infidelidad. Ahora bien, como en su testamento se declara viuda, es posible que no llegara a formalizar su situación, aunque pronto cesó la convivencia.

A comienzos de 1885 se adhiere públicamente a la causa de los librepensadores y colabora en *Las dominicales del Libre Pensamiento*, donde es amiga de sus directores, que la reconocen como una figura de gran prestigio. Varias logias masónicas se felicitan por el arrojo y valentía de la nueva colaboradora y en especial la ferrolana *Luz de Finisterre*.

La sociedad le ha vuelto la espalda y en adelante al hablar de ella siempre se reconocerá su talento pero también su "extravío" y se confiará en que un día recapacite y vuelva a la buena senda. Realiza una excursión de cinco meses por Asturias y Galicia a caballo, acompañada sólo por un anciano criado para conocer cómo viven aquellos campesinos tan pobres. Las autoridades locales ven en

---

7. En *Rosario de Acuña en la Escuela*. Tomo I. Madrid. De Lamo Hnos. (s.a. 1933), pág. 16.

ella a una conspiradora que trata de fomentar los levantamientos sociales y la detienen.

Tras el estreno de *La voz de la Patria*, inspirada en los sucesos que se desarrollan en Marruecos, se recluye en Pinto. Allí reúne a sus amigos y organiza veladas con otros librepensadores en un *Ateneo Familiar* integrado por las señoritas Lamo, Pascual, y "el consecuente republicano" Anselmo Lamo; bailan, recitan poesías y organizan la campaña de ayuda para las víctimas del cólera en Murcia[8].

Igual que en el sector masculino del movimiento librepensador, también en el femenino las escritoras van a estar escindidas y así, mientras unas se declaran separadas de la religión católica, como Acuña o Ángeles López de Ayala, otras se inclinan por las corrientes espiritistas como *Violeta* o Amalia Domingo Soler. Ésta, desde el órgano de su logia masónica, *La Humanidad*, reconoce a Acuña como la máxima autoridad entre las librepensadoras en la lucha contra la ignorancia y superstición femeninas, y elogia su esfuerzo por conseguir que con la razón ilustrada la mujer consiga su regeneración.

Ya en 1885 Acuña se declara "mujer, es decir, esclava", algo que al principio de su carrera había negado: "El alma femenina gime prisionera en el sopor de un rebajamiento infame"; afirma ahora que todas las mujeres necesitan la emancipación, incluso las librepensadoras, y reconoce su desinterés por la ambición y la gloria. Se sentiría feliz "si allá en los siglos que vendrán, las mujeres, elevadas a compañeras de hombres racionalistas, se acuerdan de las que antes se han autosacrificado en medio de una sociedad que las considera un botín".

---

8. *Las dominicales del Libre pensamiento*, 1883-junio-3.

Rosario de Acuña confiesa la imposibilidad de estar en la tribuna del periodismo sin afiliarse a una escuela definida y organizada. Como librepensadora mantiene que esta doctrina no puede personalizarse ni agruparse en sectas o escuelas. La sociedad necesita de todos para avanzar y considera que es preciso derribarla para después edificarla, no puede hacerse a la vez. Esta idea la separa por completo de espiritistas como Amalia Domingo, que intenta atraerla a sus filas, y para quienes no se puede destruir sino "sustituir" para evitar el caos de la sociedad. Le molesta claramente el que piensen que su papel entre los librepensadores sólo se justifica en la lucha por la emancipación de su sexo y la tachen de egoísta al permanecer aislada[9].

Son escasas las relaciones de Acuña con sus colegas femeninas; es respetada por Carmen de Burgos que la llama "Maestra", y elogiada por Ángeles López de Ayala y la ya mencionada Amalia Domingo. Otra escritora, Mercedes Vargas de Chambó, logra de ella algo inesperado, dada su independencia visceral, como es su solicitud para ser iniciada en la masonería, el 12 de febrero de 1886, en la alicantina logia *Constante Alona*, porque "está conforme con sus doctrinas que ha leído y cree poder prestar algunos servicios a tan noble causa". Mercedes Vargas, aprovechando un viaje que iba a hacer doña Rosario a Alicante para pronunciar algunas conferencias, se apresuró a adelantar los trámites precisos para conseguir su aceptación. Se le prepara además un recibimiento especial en la estación de ferrocarril y casi la totalidad de la prensa local refleja su llegada. En la ceremonia, que tuvo lugar el 20 de febrero de 1886, adoptó el nombre simbóli-

---

9. Varios artículos de esta polémica se recogen en Domingo Soler, Amalia, *Sus más hermosos escritos*. Barcelona. Maucci (s.a.), págs. 353-75.

co de *Hipatía* y, como era de esperar, la velada que se había preparado para unos días más tarde en su honor no pudo celebrarse por su repentina ausencia, ya que siempre fue enemiga de la vida social[10].

Ese mismo año de 1886, la "Sociedad protectora de la enseñanza laica" celebra una velada en Zaragoza en la que participan, entre otros espiritistas, el vizconde de Torres Solanot y Amalia Domingo y se leen trabajos enviados por ella[11].

En marzo de 1888 pronuncia dos conferencias en el Fomento de las Artes sobre "Los convencionalismos" y las "Consecuencias de la degeneración femenina"[12]. Mantiene que la mujer ha de ser antes útil que bella, más digna que sagaz, más honrada que vanidosa, más inteligente que sensual, más trabajadora que mercadera para que así pueda lograr su regeneración. Su preocupación por esta "regeneración" de la sociedad española es otra constante en estos años y tan sólo la ve posible a través de la juventud[13].

También en 1888 participa como oradora en la inauguración del colegio del Grande Oriente Nacional de España en Madrid, el 24 de junio.

Tras el polémico estreno de *El Padre Juan* en Madrid en 1891 continúa viajando por España y Europa. Lleva también a la práctica lo que aconseja en sus libros, y se pone al frente durante una temporada de una granja avícola experimental que tiene en Cueto (Santander), cerca del lugar en que reside su madre.

---

10. Álvarez Lázaro, Pedro F.: *Masonería y Librepensamiento en la España de la Restauración*. Madrid. Universidad de Comillas. 1985, págs. 179-88.
11. *Las dominicales del Libre Pensamiento*, 1886-II-13.
12. Publicadas como suplemento en *Las dominicales...* 1888-abril-21 y 25.
13. *Las dominicales del Libre Pensamiento*, 1888-III-31.

Sus viajes los hace casi siempre a caballo por España, para no perder el contacto con los obreros y campesinos de los lugares más escondidos.

Regresa a su posesión de Pinto y algún contemporáneo confía en que "tal vez la paz y el sosiego que le brinda la obliguen a mirar con temor la tumultuosa y disputada gloria que ofrece el teatro"[14]. Ya entonces sus escritos son conocidos en Francia, Portugal, Alemania y América casi tanto como en España.

En el año 1907 redacta su primer testamento en el que deja heredero a Carlos Lamo y Jiménez, con el encargo de cuidar a sus animales. Se declara viuda y separada de la religión católica:

Conste, pues, que viví y muero separada radicalmente de la iglesia católica (y de todas las demás sectas religiosas) y si en mis últimos instantes de vida manifestase otra cosa, conste que protesto en sana salud y en sana razón de semejante manifestación, y sea tenida como producto de la enfermedad o como producto de manejos clericales más o menos hipócritas, impuestos en mi estado de agonía; y por lo tanto ordeno y dispongo que diga lo que diga en el trance de la muerte (o digan que yo dije) se cumpla mi voluntad aquí expresada, que es el resultado de una conciencia serena derivada de un cerebro saludable y de un organismo en equilibrio [...] Prohíbo terminantemente todo entierro social, toda invitación, todo anuncio, aviso o noticia ni pública ni privada, ni impresa ni de palabra que ponga en conocimiento de la sociedad mi fallecimiento [...]".[15]

Dos años después, en 1909, pasa a residir en Gijón y tiene relación con la logia *Jovellanos*. Asistirá en 1911 a

---

14. *Diccionario enciclopédico Hispano-Americano...* Tomo 24, pág. 48.
15. Castañón, Luciano: "Aportación a la biografía de Rosario de Acuña", en *Boletín del Instituto de Estudios Asturianos*, XL, 1986, págs. 167-69.

la inauguración, junto a Melquíades Alvarez, Eleuterio Alonso y otros, de la "Escuela Neutra Graduada" que era sostenida por esta logia con una contribución mensual.

Colabora, sin cobrar nunca, en periódicos americanos y mantiene con Bonafoux las *Hojas Libres* que se editaban en París y Londres, bajo los títulos de *La Campaña* y *El Heraldo de París*.

El último disgusto grave de su carrera lo sufre en noviembre de ese mismo 1911. Indignada por el ataque "de palabra y obra" que han sufrido unas estudiantes norteamericanas frente a la Universidad barcelonesa escribe una carta a su amigo Luis Bonafoux, que entonces dirigía en París *El Internacional*. Bonafoux, ferozmente anticlerical como Acuña, había tenido que salir de Madrid en 1894 huyendo tras la campaña desatada desde *El Globo* contra la Asociación Católica de Padres de Familia y marchó a París. Fundaría junto a Lerroux y Azorín *El Progreso*, órgano de la facción republicana del doctor Esquerdo donde colaboraron Unamuno y Federico Urales. Pues bien, Bonafoux publica esa carta con el título de "La chanza de la Universidad", donde se califica a los estudiantes españoles de "conjunto de jóvenes afeminados" entre otros juicios durísimos. Emiliano Iglesias la inserta luego en el diario de Lerroux, *El Progreso* de Barcelona, y estalla el escándalo. Toda la prensa nacional recoge las protestas iniciadas en Barcelona y multiplicadas en cada sede universitaria, con tal virulencia que acabarán por cerrarse todas las universidades españolas.

De nuevo la pluma de Rosario de Acuña ocasiona una polémica que va más allá de su persona y que en realidad enfrenta intereses políticos que la desbordan. Durante los días en que la prensa reproduce los sucesos no dice una sola palabra en su defensa y se ve sola.

Al día siguiente de publicarse en Barcelona el artículo,

se reúnen los estudiantes en el Hospital Clínico y bajo la consigna: "Por el honor de nuestras madres y para demostrar que somos hombres, no faltéis" animan a la protesta colectiva. El rector, barón de Bonet, tiene que condenar el ataque policial que siembra la alarma entre enfermos y monjas, pero el gobernador, Sr. Portela, justifica la intervención policial, por lo que se pide su dimisión. Le acusan de lerrouxista y a Unamuno de apoyarle. Éste se apresura a asegurar que ni siquiera conoce a Rosario de Acuña[16].

El Progreso alega que en realidad se trata de un problema entre catalanistas y carlistas partidarios de don Jaime, y que todo ese alboroto esconde una campaña política contra el partido radical. Tras una reunión de los representantes estudiantiles de toda España se envía un telegrama de reto al director de *El Internacional*, Sr. Bonafoux: "Injurias pasan fronteras, deseamos saber si director Internacional franqueáralas responder ultraje", y los padrinos al de *El Progreso*. Las damas de la aristocracia, que no pueden olvidar la opinión que merecen de Acuña, envían una carta contra "cierta prensa convertida en pudridero", mientras que los estudiantes manifiestan: "No creemos que una mente femenil haya concebido calumnias tan soeces como las que se nos han dirigido, pues conceptuamos a la mujer española dignísima por todos los conceptos, incapaz de poner su firma al pie de un montón de lodo. (...) nosotros no nos acogemos a la inmunidad de faldas más o menos auténticas".

Los incidentes se reproducen en Madrid con manifestaciones desde la Universidad de la calle San Bernardo hasta el Hospital de San Carlos en Atocha, y una comisión es

16. *La Correspondencia de España*, 1911-XII-6.

recibida por el Sr. Barroso, ministro de Gobernación. La huelga acaba el 30 de noviembre.

Aunque sus amigos le aseguran que no hay peligro, Acuña se marcha a Portugal, donde es acogida con entusiasmo, y allí permanece cuatro años porque se la procesa en rebeldía y se la condena a prisión. Sólo el conde de Romanones en el momento de hacerse cargo del Gobierno reconoce que su figura enaltece a la Patria y la incluye la primera en el indulto que otorga entonces.

Los masones de Gijón habían manifestado su preocupación por la situación de Acuña en el destierro. Cuando regresa se retira a una modesta casa en el acantilado de El Cervigón, aislada frente al mar Cantábrico, en la playa de Gijón. Ha sufrido reveses de fortuna que la obligan a vivir con gran modestia.

Se convierte en una figura respetable y simbólica para el movimiento obrero de esa ciudad y cada primero de mayo, después de manifestarse, los trabajadores acuden a visitarla en su retiro.

Fallece el 5 de mayo de 1923 en Gijón, de una embolia cerebral y de acuerdo con los deseos expresados en su testamento es enterrada en el cementerio civil.

Antes de morir había confesado su ilusión de que, ya desaparecida, el grupo artístico del *Ateneo Obrero* de Gijón representara su polémico drama *El Padre Juan* y así lo hicieron en el teatro Robledo en el mes de julio en su homenaje.

Al llegar la República, Madrid se acuerda de esta hija rebelde y a propuesta de D. Andrés Saborit se inaugura en el año 1933 un grupo escolar con su nombre en el distrito de La Latina. Se edita además un folleto para los niños y vecinos de la barriada titulado *¿Quién fue Rosario de Acuña?* en el que se recogen juicios elogiosos de Francos Rodríguez, Pérez Galdós, Campoamor, Fernando

Dicenta, Andrés Borrego, Ricardo León, etc., sobre su figura.

Pero lo cierto es que su familia fue la única que intentó difundir, sin éxito, su obra aún inédita. Su sobrina Regina Lamo de O'Neill creó una editorial, *Cooperativa Obrera* (ECO) y publicó varios libros que hoy nos resultan ilocalizables.

Su obra

La evolución ideológica de Rosario de Acuña corre paralela a la física, de tal forma que al contemplar alguna de las imágenes que nos han quedado podríamos saber en qué etapa de su vida se hallaba. En sus primeros libros de poemas, *La vuelta de una golondrina* o *Ecos del alma,* amables, su aspecto corresponde al de una señorita de buena familia, con tirabuzones. Pronto inicia su carrera como autora dramática dentro del drama histórico, de moda en ese momento con Echegaray como autoridad, y es unánimemente aplaudida. Ya entonces puede adivinarse en sus personajes una preocupación social, que irá en aumento con el paso de los años hasta convertirse en su centro de interés. Paralelamente su aspecto físico se va asemejando al de esas mujeres de pueblo entre las que vive.

La pasión por la Naturaleza

Ya desde sus primeros artículos sobre el campo, publicados en 1882 en *El Correo de la Moda,* que editará como libro, y en otros posteriores, *Influencia de la vida del campo en la familia* o *El lujo en los pueblos rurales,* Rosario de Acuña trata de animar a dejar las grandes ciudades y marchar a vivir aislados en medio del campo. Ofrece sin duda, con un siglo de antelación, el ideario ecologista actual. Su convencimiento de que el día en que haya buenas carreteras, seguridad y buenos servicios la meta de un gran número de familias será tener una casa en el campo se ha cumplido. Para ella en la ciudad la familia se convierte en una sociedad anónima con intereses compuestos, y la carencia absoluta de comunicación con la Naturaleza produce un hastío prematuro al no poder contemplar más que horizontes limitados, tristes y sombríos. Eso sí, cuando habla de vida del campo no se refiere a la de los pueblos agrícolas, donde aun son mayores las separaciones entre clases que en las ciudades y donde aun es más fácil distinguir entre *dandys* y *palurdos*. Los pueblos tienen las calles sucias, en las casas los muebles imitan los de la capital y los señores viven con arreglo a los vestidos que usan, siguiendo las últimas modas. Colocan a los criados a la altura de los seres irracionales, comprando sus servicios por un puñado de oro y presiente que de este trato puede surgir el pavoroso fantasma de las revoluciones, con las represalias consiguientes. No comprende la aversión del bracero a las máquinas agrícolas en las que ve una disminución del trabajo, mientras que el propietario busca resultados rápidos que le permitan mermar el número de braceros, sin pensar en reinvertir las ganancias ni tomar parte por sí mismo en los trabajos.

Para ella la familia culta e ilustrada que vive en el campo, llegará a regenerar la sociedad a través de la vida agrícola. Al despertar en medio de un océano de luz y ser dueña de sí misma, los quehaceres que le esperan son amenos y sencillos, porque sólo tiene que obedecer a las leyes de la naturaleza que están por encima de los poderes humanos. Estos hombres tienen un carácter prudente, mesurado, afable y tranquilo. Si todas las familias pasaran

al menos dos meses al año aislados en el campo consegui-
rían purificar su espíritu en esa especie de "lazaretos" del
alma. La casa debe estar aislada, rodeada de tierras de
labor, con el corral, el tinado, mucha luz y sol por todas
partes. En el interior nada de adornos, nada de cortinajes
ni de muebles que afeminen la vida o inclinen a la molicie;
mucha limpieza, una bien provista despensa y una cocina
dispuesta para acoger a las amistades. Da por supuesto,
eso sí, que habrá servidores, y por eso la dueña podrá
aprovechar el trato directo con ellos para enseñar los do-
mingos a leer a sus hijos; el aislamiento completo de los
vecinos ofrecerá la posibilidad de consultar la biblioteca
que debe tener con libros *útiles,* científica y literariamente
hablando.

La sabiduría práctica que se desprende de la observa-
ción de la Naturaleza es muy importante para las mujeres
y los niños, por los que siente especial predilección y en
los que ve el futuro de esa España "regenerada" con que
sueña. A ellos les dedica muchos cuentos que agrupa bajo
el título general de *Lecturas instructivas para los niños,* en
las que los animales sirven con sus costumbres de ejemplo, y las niñas aprenden cómo llevar una casa en el campo. Unos artículos suyos, con el título general de *Avicultura,* son premiados en la Exposición Internacional de
Avicultura celebrada en Madrid en 1902. Es la primera
escritora española decididamente defensora de la vida en
plena Naturaleza, fuera de la sociedad urbana y rural.

Desde 1885 y hasta el 1891 hay colaboraciones suyas,
que paga para contribuir a la causa, en *Las Dominicales
del Libre Pensamiento,* que dirige su amigo Antonio Zo-
zaya, casi todas en verso. Se la considera la gran protectora de la masonería española. Dedica artículos a la "respetable" logia masónica *Luz de Finisterre* y se declara
admiradora de Fr. Giordano Bruno.

También siente una gran admiración por Benito Pérez Galdós al que nos dice, "venero como un ingenio de primer orden. Es la figura más grande de nuestra literatura contemporánea" y de él destaca especialmente "cómo rasga el velo de las supersticiones para dejar al descubierto toda la soberanía grandiosa de la verdad lógica en consorcio sublime con las leyes de la Naturaleza".

Los trabajos de carácter social ocuparán sus últimos años porque hasta el final, dice J. Dicenta, creyó en la necesidad de un mundo mejor: "Hay que ir a ello pese a quien pese, caiga quien caiga, derramando sangre si es inevitable... sin mártires no triunfan las ideas"[17].

El teatro

Tan sólo lleva dos años publicando cuando se lanza a la aventura teatral y estrena *Rienzi el Tribuno* en Madrid. El éxito conseguido hizo que en su segundo intento, por miedo al fracaso, se escudase en un seudónimo masculino "Remigio Andrés Delafón" para estrenar *Amor a la Patria,* drama trágico en un acto y en verso, en Zaragoza el 27 de noviembre de 1878. *Tribunales de venganza,* que estrenará en el teatro Español el 6 de abril de 1880, es un drama trágico en dos actos y epílogo. La acción transcurre en Valencia y Játiva y trata de las germanías de esa ciudad en el siglo XVI. Tras su evolución ideológica se representarán otras dos obras que abordan ya temas de su tiempo: *El Padre Juan* en 1891 en el teatro de la Alhambra de Madrid, la más polémica, y *La voz de la Patria,* cuadro dramático en un acto y en verso estrenada en el Español

17. En *Rosario de Acuña en la Escuela.* Madrid. De Lamo Hnos. (s.a. 1933), pág. 18.

23

en 1893. La acción de este drama patriótico transcurre en Aragón y plantea la oposición de las mujeres a que sus hombres marchen a la guerra de África y el triunfo final del sentido del servicio a la Patria.

De sus cinco obras teatrales, tres se ocupan de asuntos históricos y por eso, para que el lector pueda completar sus conocimientos sobre el asunto que trata, remite a veces a la *Historia de España* de Modesto Lafuente en la que se ha basado por ejemplo para *Tribunales de venganza*.

Sus obras se representan en los teatros principales de la Corte, algo poco habitual porque hay que recordar que tan sólo Gertrudis Gómez de Avellaneda la había precedido en el Español. Las ponen en escena además primeros actores: Elisa Mendoza, Elena Boldún y toda la familia de los Calvo: Rafael, Ricardo, Alfredo, Fernando y José.

Rienzi el Tribuno

Este drama trágico en dos actos y epílogo desarrolla su acción en el Palacio del Capitolio de Roma y plantea en su argumento la lucha entre la plebe y la nobleza durante el siglo XIV, entre 1347 y 1354. El protagonista es el último patricio, Rienzi, que lucha por la libertad, la salvación de una Roma decadente y la unidad de Italia. Consigue momentáneamente la adhesión de la nobleza pero ésta, con intrigas, logrará volver al pueblo contra su líder.

Rosario de Acuña, gran admiradora de la historia italiana desde su estancia en Roma, se documentó antes de escribir este primer drama histórico. El argumento no era nuevo; pudo conocerlo a través de la novela de Bulwer-Lytton, que había traducido Ferrer del Río al castellano en 1843 y fue publicada luego en *Las Novedades*. También Carlos Rubio, años atrás, había estrenado un drama sobre el mismo personaje. Y dio la casualidad de que pocos días antes de estrenar Rosario de Acuña su drama, el 5 de febrero, se representó la primera ópera de Wagner en Madrid, precisamente protagonizada por Rienzi, e inspirada en *Colà Rienzi* de Bulwer-Lytton. Este, autor de la famosa novela *Los últimos días de Pompeya,* confesaba en el prólogo que había procurado ceñirse a la Historia y reconocía que la acción tenía puntos sumamente dramáticos, que ya antes había aprovechado otra autora, Miss Mitfor, para llevarlo al teatro pero con intención moral[18].

Se produce durante esos años un renacimiento romántico en la escena y la vuelta al drama de época. Estrena Echegaray *La esposa del vengador* en 1874 o *En el puño de la espada* en 1875 y el público se entusiasma frente a sentimientos que son generales: el valor, el honor, la libertad, la fatalidad[19]...

Rienzi es el ejemplo de cómo los movimientos populares ensalzan y luego destruyen a sus héroes. Destaca el valor, la honradez, la lealtad de Rienzi frente a la maldad de Colonna. La acción exigía el estilo fuerte que Rosario de Acuña le imprime, con versos que declaman las desgracias e infortunios del protagonista.

Tiene la obra las características de las que triunfan esos

18. Bonilla y San Martín, Adolfo: *Las leyendas de Wagner en la literatura española.* Madrid. Asociación Wagneriana. 1913. pág. 9.

19. Yxart, José: *El arte escénico en España.* Barcelona. Imp. La Vanguardia. 1874. Tomo I, pág. 68 y ss.

años en la Corte: la acción se desarrolla en un tiempo lejano, nada menos que en siglo XIV, en el extranjero y en un palacio para mayor grandiosidad. Los protagonistas hablan mucho y muy bien y la intensidad del drama va *in crescendo* desde un primer momento hasta llegar a la tragedia final. La duda sobre el origen noble de María, la esposa de Rienzi, el intento de seducirla por el mayor enemigo de éste, la rebelión del pueblo ante los impuestos nos conducen hasta la tragedia final.

La noche del 12 de febrero de 1876 el público llenaba el teatro del Circo; ya se había filtrado que la obra que iba a representarse era la primera escrita por una señorita conocida por sus trabajos poéticos. El éxito, si hacemos caso de la prensa, fue total, a pesar de que lo había escrito en poco más de veinte días, sin duda por la coincidencia con la ópera de Wagner.

Los actores eran seis con Elisa Boldún y Rafael Calvo como protagonistas. Si Antonio Vico es en esos años la primera figura en los dramas realistas, Rafael Calvo, entrenado en los clásicos, es el actor ideal para los dramas románticos por su vigor para conseguir la emoción del público. Aquella noche dieron toda la energía que exigían los versos, impresionando a los espectadores. Calvo en el acto tercero hizo un alarde de sus dotes físicas, mientras que los demás actores se limitaron a cumplir. Tan sólo el corresponsal en la capital de *El Folletín* de Málaga comentó que la obra había triunfado a pesar del poco cariño con que la representaron Elisa Boldún y Calvo.

Los críticos coincidieron en sus juicios. Se sorprendieron por la fuerza poética de la autora a la que rápidamente calificaron como "varonil", algo elogioso ya que se suponía que una mujer no podía alcanzar la calidad masculina, salvo casos excepcionales como el de Gertrudis Gómez de Avellaneda, con quien inmediatamente se la compara, y como a ella, se la llama "poeta", no "poetisa". Observan en el drama imperfecciones en su desarrollo, pero una gran vitalidad moral. Algunos personajes estaban mejor diseñados que otros y en general se movían a impulsos de la pasión por lo que la acción sufría altibajos. Se destaca la alta moral que demuestra Rienzi al destruir la carta que le presenta Colonna y la ingenuidad de María, que achacan a la juventud de la autora. Colonna es un monstruo abominable y perverso. La protagonista femenina, María, en la obra de Wagner se llamaba Irene y era hermana de Rienzi, Acuña aquí la convirtió en esposa. Ella cierra la obra con el rasgo más trágico, arrebatando la última reliquia de la presa. Wagner había hecho morir a Rienzi abrasado por las llamas del Capitolio pero Rosario de Acuña le da una muerte aún más terrible, degollado.

Lo cierto es que hoy el estilo en que está escrito nos resulta ampuloso, los monólogos excesivamente largos y el lenguaje no apropiado a la procedencia social de los personajes, de tal manera que Rienzi queda lejos de parecer el pescador napolitano de la leyenda, es más culto, más inteligente y menos ambicioso.

Varios diarios reprodujeron el "Soneto a la libertad" que formaba parte del monólogo de Rienzi en el tercer acto.

El público del estreno, ya antes de concluir el primer acto estaba deseando conocer a la autora, y tanto insistía que el Sr. Calvo tuvo que rogarles que permitiesen guardar el incógnito hasta el final de la obra. Pero el segundo acto gustó tanto que la autora no tuvo más remedio que presentarse en escena entre incesantes aplausos.

El éxito continuó durante el tercer acto donde las situaciones iban aumentando en intensidad, aunque se echó de menos un aparato escénico que respondiera a la tragedia de la acción.

El conocido crítico Asmodeo confesaba su incredulidad ante el fenómeno:

> Si no lo hubiera contemplado con mis propios ojos, si no hubiese visto aparecer una y otra vez en la escena a aquella graciosa joven de semblante risueño, de mirada apacible, de blanda sonrisa y además tranquilo y sereno, no hubiera creído nunca que Rienzi era inspiración de una musa femenil. Nada lo denuncia, nada lo revela, ni en el género, ni en la entonación... Verdad es que tenemos el ejemplo de Gertrudis Gómez de Avellaneda, pero era una mujer en toda la plenitud de sus facultades intelectuales... Ignoro aún si la joven es un autor dramático, pero puedo asegurar ya que es un poeta de gran aliento, de rica fantasía y alto vuelo.[20]

Tuvo que presentarse a saludar al final y la prensa nos la describe como "de distinguida figura y simpática belleza, modesta al recibir la ovación pero elegante a la vez". Los juicios no pueden ser más elogiosos: "Posee el prestigio del genio que engrandece y avasalla cuanto su mano toca [...] la musa de Rosario de Acuña entra en la escena entre una alfombra de flores y bajo arcos de palmas"[21].

Se destacó cómo incluso el bello sexo "que por su discreción y natural compostura" no solía asociarse a las manifestaciones tumultuosas del público teatral, ese día "creyó tener disculpa para sus entusiasmos y aplaudía rabiosamente a la autora que así sabía entrelazar los laureles de la gloria en la diadema de perlas de la hermosura".

Gran número de autores dramáticos y literatos coincidieron en que este primer ensayo revelaba condiciones excepcionales para la escena dramática. Emilio Gutiérrez

---

20. *La Época*, 1876-II-20.
21. *El Imparcial*, 1876-II-13.

Gamero preguntó su opinión sobre el drama aquella noche a Echegaray:

> Echeg. — Una maravilla. No se parece a ninguna de las Safos del siglo; hace resonar los viriles acentos del patriotismo, y siente la nostalgia de la libertad como si fuera un correligionario de D. Manuel Ruiz Zorrilla. Una mujer muy poco femenina.
> G. Gam. —No lo crea, D. José. Tiene la muchacha novio y está muy enamorada según me ha dicho Elisa Boldún.[22]

El 14 de febrero, también en *El Imparcial*, Peregrín García Cadena coincidía con sus colegas en la "fibra viril a lo Gertrudis Gómez de Avellaneda" y en el acierto con que sabía describir los sentimientos del corazón humano. Para él se trataba de un espíritu viril que aborrecía "el femenino" en materia de poesía y ya con esta primera obra, podía enseñar a andar al más pintado.

Se reconoció que bajo la apariencia de un ángel poseía la energía avasalladora de un espíritu varonil. El deseo expresado por el crítico de *El Imparcial* de envolverla en una atmósfera de cariño y admiración para que siguiera adelante se cumplió aquella noche.

Pocos días después los poetas le ofrecieron un "Álbum", algo habitual, en su homenaje con poemas de Hartzenbusch, el duque de Rivas, Pedro A. de Alarcón, Narciso Serra, Echegaray, Núñez de Arce y Campoamor.

A pesar del triunfo, ya entonces le llegó un ataque inesperado y totalmente injusto por parte de uno de los grandes poetas de su tiempo, el cubano José Martí, quien creyéndola compatriota escribió desde Méjico un extenso poema titulado "Rosario de Acuña" que comenzaba:

---

22. En *Rosario de Acuña en la Escuela*, págs. 21-22.

"Espíritu de llama, / del Cauto arrebatado a la corriente, / ansioso de aire, libertad y fama; / espíritu de amor, trópico ardiente...". Continuaba tachándola de traidora: "¿Quién pide gloria al enemigo hispano? / No lleve el que la pida el patrio nombre / ni le salude nunca honrada mano; / el que los ojos vuelva hacia el tirano, / nueva estatua de sal al mundo asombre.". Y concluía: "Y, ¡arranca, oh patria, arranca / de su seno infeliz el ser perjuro, / que no es tórtola ya, ni cisne puro, / ni garza regia, ni paloma blanca[23]!"

El Padre Juan

Han pasado quince años desde el éxito de *Rienzi el Tribuno,* Rosario de Acuña se ha declarado ya librepensadora y se ha alejado de Madrid para vivir en el campo. El prólogo de *El Padre Juan* es una evocación de su padre desde "El Evangelista", en los Picos de Europa, donde le surgió la idea de esta obra que terminaba veintidós días más tarde y que está dedicada a él.

El Padre Juan, drama en tres actos y en prosa, es un compendio de sus ideas sobre la sociedad de su tiempo. El enfrentamiento entre creyentes (superstición) y librepensadores (razón), entre el campo (vida saludable) y la ciudad (convencionalismos). Esta ciudad es siempre Madrid "veneno demasiado activo para tomarle de pronto", donde "todo oprime desde el aire hasta los afectos".

Contrapone los habitantes de la aldea, ignorantes y

23. Martí, José: *Obras completas.* Ordenadas y prologadas por Alberto Ghiraldo, vol. I. Madrid. Edit. Atlántida. (s.a.), págs. 105-13.

atrasados moralmente, con el joven ingeniero protagonista del drama, que a pesar de haberse educado en la capital conserva la juventud vigorosa y las costumbres sencillas. Su novia, descendiente de Pelayo, ha podido leer gracias a que su padre se lo ha permitido, lo que la eleva por encima del resto de jóvenes.

El Norte ha regenerado todas las decadencias y por eso es preciso levantar Asturias de su noche de ignorancia y fanatismo. Las intenciones de la pareja protagonista no pueden ser más revolucionarias: quieren casarse civilmente, comprar el manantial milagroso junto a la ermita, al que todo el mundo acude, para instalar un balneario y construir además un hospital, una escuela y un asilo frente al convento de frailes para demostrarles su inutilidad.

La acción, que trata de mostrar la superstición de los creyentes y su hipocresía, culmina al descubrirse al final de la obra, en el momento cumbre, que el sacerdote que instiga a los lugareños contra el joven es en realidad su auténtico padre.

Es inevitable el recuerdo de *Doña Perfecta* de Benito Pérez Galdós escrita en 1876, donde se muestra la influencia de los representantes de la religión católica en una zona pequeña, Orbajosa, pueblo de 7.324 habitantes y su intransigencia con los que no piensan como ellos. El protagonista, Pepe Rey, es también ingeniero y personifica, como Ramón, el espíritu tolerante frente al espíritu tradicional, aunque degenerado, del pueblo. El desenlace, igual que en *El Padre Juan,* recuerda el de las tragedias griegas. En esta pieza, claramente anticlerical, Rosario de Acuña abandona el drama histórico por primera vez y se ocupa de la sociedad de su tiempo. Puede inscribirse dentro del teatro rural asturiano; muestra la lucha entre la Asturias nueva, que se auxilia en la ciencia para lograr su avance, y la antigua, dormida, que también sirve

31

de inspiración para otros autores. Es una obra pionera dentro del teatro social, que se apoya en el paisaje asturiano para crear ese teatro de la naturaleza.

El Padre Juan suponía una propaganda del librepensamiento y Acuña no encontró ningún empresario que estuviera dispuesto a correr el riesgo de estrenar la obra en Madrid. Se ve obligada a formar una modesta compañía, y ella misma ensaya y dirige a los actores e incluso traza y corta los trajes. Alquila el teatro de la Alhambra al conde de Michelena y tras solicitar el oportuno permiso estrena la obra el 3 de abril de 1891. A pesar de tener ese día de su parte a un gran sector del público, la dureza del tema hace que estalle el escándalo y esa misma noche una orden verbal del Gobernador prohíbe las representaciones. Rápidamente se agotan los dos mil ejemplares de la edición impresa e igual sucede con la segunda, en la que suaviza alguna expresión. Los asteriscos que señalan los versos que podían suprimirse en la representación coinciden con párrafos especialmente conflictivos.

Hay un sector de la crítica que "en punto a literatura, y particularmente en cuanto a la dramática, casi limita su oficio a aquilatar la moralidad de las obras. Un drama no es bello o detestable: es moral o inmoral, antes que todo"[24]. Y de acuerdo con esta opinión ante *El Padre Juan* la prensa se divide: están a su favor *El Globo* y *La Justicia,* órgano de Salmerón, entre otros, y en contra todos los diarios conservadores.

La Justicia, diario republicano dirigido por Antonio Luis Carrión, lo clasifica como drama de propaganda "en el que se pone en juego la eterna lucha entre los partidarios de la fe y los del libre pensamiento". Reconoce que su lenguaje es algo crudo, pero contiene pensamientos

24. Yxart, Obr. cit. pág. 150.

atrevidos y conceptos enérgicos con que rechaza la autora la intolerancia religiosa, que habían sido estrepitosamente aplaudidos por la numerosa concurrencia que asistió al estreno: "Constituye una defensa ardorosa y enérgica de la libertad de pensar y un himno cantado al moderno racionalismo".

La suspensión de las representaciones por el Gobernador, marqués de la Viana, que antes las había autorizado por medio de un oficio, acabó volviéndose en su contra.

La prensa conservadora, inicialmente de acuerdo con la medida, centró sus ataques en la crítica literaria de la obra, en unos términos que nunca antes se habían utilizado con una señora, algo que les recriminan los republicanos. Éstos la defienden con el argumento de que, si no existía mérito literario, era absurda su suspensión puesto que no podría dañar a la religión.

El Globo aprovecha para atacar a sus enemigos políticos: "Los conservadores y el ejercicio de los derechos individuales son absolutamente incompatibles".

Ya el 7 de abril todos piden la dimisión del Gobernador, incluso los diarios afines al poder que le acusan y atacan con crueldad por haber dado permiso para el estreno. "El Gobernador creó un conflicto al Gobierno al querer enmendar el desatino con otro mayor que hacía de la Constitución, los derechos individuales y el respeto a la propiedad intelectual, mangas y capirotes". Mantienen que la obra de continuar hubiera caído para no levantarse jamás. Los personajes de *Pequeñeces* del Padre Coloma son utilizados para atacar a los adversarios de la obra, y se pide su reposición:

> Así se convencerán los incrédulos y los impíos de que en este país monárquico y católico por excelencia, no son menester los gobernadores ineptos y arbitrarios para defender las instituciones y la religión, cuando las Curritas y los Villamelones están en mayoría.

Y hay un diario que se atreve a declarar lo que estaba en la mente de la mayoría: "Esa señora ha podido optar por la vida doméstica y nadie la hubiera traído ni llevado. La vida pública tiene esos inconvenientes y *nadie* se exime de ellos"[25].

El 11 de abril de 1891 Rosario de Acuña se dirige al director de *El Heraldo de Madrid* y le pide que publique el siguiente comunicado:

Al público: Habiendo sufrido en mis intereses pérdidas enormes por la disposición gubernativa, que prohibió las representaciones de mi drama *El Padre Juan,* cuando tenía vendidas las localidades para la segunda función, y por lo tanto compensados en parte los gastos hechos para ponerlo en escena con el aparato requerido he dispuesto en beneficio mío una función en el teatro de la Alhambra para el 12 de abril, poniendo en escena mi drama *Rienzi el Tribuno.*

Creyendo usar de un derecho legítimo, me dirijo al público imparcial, invocando en favor de mi lesionada propiedad intelectual su valiosa protección, e invitándole a que asista a mi beneficio, testificando con su presencia que aún laten almas capaces de protestar contra ciertas vejaciones.

Valga como ejemplo de los ataques la opinión que Rosario de Acuña, años más tarde, merecía al agustino Francisco Blanco al que, si ya le había parecido extraño el éxito obtenido con *Rienzi,* su evolución ideológica le llevó a esta conclusión:

El talento de doña Rosario ha concluido en punta, como las pirámides. Las atenciones y lisonjas que le prodigó la galantería en 1876, le hicieron concebir de sí propia una idea equivocada; y ansiando a toda costa inmortalizarse, formó una alianza ofensivo-defensiva con los herejotes cursis de *Las do-*

25. *La Libertad,* 1891-IV-8.

minicales, escribió a destajo versos incendiarios, y anunció en los carteles un dramón archinecio que delata con elocuencia el lastimoso estado mental de la autora.[26]

Tras esta polémica obra sólo intentó otra vez la aventura teatral en Madrid, con una pieza muy breve y para animar a la defensa de la Patria en la guerra de África. Su clara inteligencia le hizo comprender que no tenía sitio en Madrid, y refugiada en Gijón, abandona casi por completo el verso y se consagra a los trabajos de carácter social con la esperanza, hasta el último momento, de lograr la "regeneración" de la sociedad española.

MARÍA DEL CARMEN SIMÓN PALMER

26. Blanco García, Francisco: *La literatura española en el siglo XIX.* Tomo II. Madrid. Sáenz de Jubera hermanos. 1910, págs. 429-30.

Bibliografía

Ediciones

La vuelta de una golondrina. Madrid. Impr. de la Sociedad tipográfica. 1875. 16 págs. 21 cm.

Ecos del alma. Madrid. Imp. de A. Gómez Fuentenebro. 1876. 216 págs.

Rienzi el Tribuno. Drama trágico en dos actos y epílogo. Madrid. José Rodríguez. 1876. 76 págs. 20 cm.

Amor a la Patria. Drama trágico en un acto y en verso. Madrid. Imp. José Rodríguez. 1877, 34 págs. 20 cm.

Morirse a tiempo. Ensayo de un pequeño poema imitación de Campoamor. Zaragoza. Manuel Ventura. 1879. 24 págs. 21 cm.

Tribunales de venganza. Drama trágico-histórico en dos actos y epílogo. Madrid. José Rodríguez. 1880. 86 págs. 20 cm.

Tiempo perdido. (Cuentos y bocetos). Madrid. Imp. de Manuel Minuesa de los Ríos. 1881. 165 págs. 18 cm.

La siesta. Colección de artículos. Madrid. G. Estrada. 1882. XVIII + 244 págs. 21 cm.

Influencia de la vida del campo en la familia. Madrid. (Tip. Montegrifo) 1882. 16 págs. 19 cm.

El lujo en los pueblos rurales. Madrid. Tip. de Montegrifo y Cía. 1882. 40 págs. 18 cm.

Sentir y pensar. Poema cómico. Madrid. Imp. de Tello. 1884. 50 págs. 13 cm.

Lecturas instructivas para los niños. Páginas de la Naturaleza. Certamen de insectos. Madrid. Romero. 1888. 69 págs. 15 cm.

Lecturas instructivas para los niños. Páginas de la Naturaleza. La casa de muñecas. Madrid. Ramón Angulo. 1888. 88 págs. 16 cm.

El Padre Juan. Drama en tres actos y en prosa. Madrid. R. Velasco, imp. 1891. 88 págs. 19 cm.

— 2.ª ed. corr. y aum. 1891. 89 págs. 19 cm.

— 3.ª ed. Prólogo de José Bolado. Gijón. Ateneo Casino Obrero. 1985. XXXIX +89 págs.

La voz de la Patria. Cuadro dramático en un acto y en verso. Madrid. R. Velasco, imp. 1893. 31 págs. 19 cm.

Cosas mías. Tortosa. Monclús. 1917. 62 págs.

Estudios

Rosario de Acuña en la Escuela. Madrid. De Lamo Hermanos. (s.a. 1933). 255 págs.

¿Quién fue Rosario de Acuña? Madrid. Artes Gráficas Municipales. 1933. 15 págs.

Simón Palmer, María del Carmen. "Escritoras españolas del siglo XIX" en *Censo de escritores al servicio de los Austrias y otros estudios bibliográficos.* Madrid. CSIC. 1983, págs. 99-119.

Castañón, Luciano. "Aportación a la biografía de Rosario de Acuña" en *Boletín del Instituto de Estudios Asturianos*, XL, 1986, págs. 151-71.

RIENZI EL TRIBUNO,

DRAMA TRÁGICO
EN DOS ACTOS Y EPÍLOGO,

Original y en verso de
Doña Rosario de Acuña y Villanueva

PERSONAJES	ACTORES
NICOLÁS RIENZI, último tribuno de Roma	D. RAFAEL CALVO.
MARÍA, esposa de Rienzi	D.ª ELISA BOLDÚN.
PEDRO COLONNA, señor feudal	D. LEOPOLDO VALENTÍN.
JUANA, antigua sirviente de los Colonnas	D.ª CONCEPCIÓN MARÍN.
UN PAJE	SRTA. GARRIDO.
UN CAPITÁN	SR. CAPILLA.

Damas, pajes, heraldos, escuderos y pueblo.

La acción pasa en Roma en el siglo XIV, en los años 1347 y 1354, en el palacio del Capitolio.

A MI PADRE

En el templo de la historia
hallé la perdida calma;
si RIENZI logra victoria,
para mí la paz del alma,
para ti, padre, la gloria.

ROSARIO

¡Pueblo, nobleza, ¡oh Dios! delirios vanos
que empecéis esa lucha fratricida!
Pueblan el mundo siervos y tiranos;
mientras no se confundan como hermanos
jamás la ley de Dios será cumplida.
La nobleza ignorante, el pueblo imbécil;
¡cuanta sangre vertáis, toda perdida!
¡Faltan ciencia y virtud! ¡aún está lejos
la redención completa de la vida!
....
....

(ACTO II, ESCENA IV.)

ACTO PRIMERO

Sala del Capitolio[1]. — A la derecha del espectador dos puertas que figura comunican con las habitaciones de Rienzi y de su esposa; a la izquierda una ventana en primer término y en segundo una puerta; gran puerta en el fondo, mesa y sitial a la izquierda; muebles de la época: dos tapices flotantes en los dos lienzos del fondo. Un libro sobre la mesa.

ESCENA PRIMERA

MARÍA, en el sitial junto a la mesa, con una carta en la mano; JUA-NA, a su lado, sentada en un taburete y haciendo una labor; a media escena empieza el anochecer.

MARÍA   Despacio las leí y aún no concibo
lo que dicen las líneas de esta carta.
Unas veces paréceme que sueño,
otras las miro como horrible trama,
sin que pueda el turbado pensamiento
descubrir su intención ni adivinarla;
y luego,… ¿por qué medio, de qué modo
puedo llegar hasta mi propia estancia?

---

1. *Capitolio:* Aquí se refiere al palacio situado en una de las siete colinas de Roma, llamada *Capitolio*, que con el restablecimiento del Senado romano en 1143 se convirtió en el centro administrativo de la ciudad.

(Leyendo.)

"Los barones de Orsini y de Colonna
"y otros nobles de estirpe menos clara,
"con vuestro esposo Rienzi reunidos,
"la paz ajustarán en vuestra casa;
"del juramento que en solemne fiesta
"al gran Tribuno[2] prestarán mañana,
"se ha de tratar en este conciliábulo[3];
"pero si en él las bases se preparan,
"mientras solemnemente no se juren,
"la cabeza de Rienzi amenazada
"ha de vivir; tan sólo una persona
"con firme voluntad puede salvarla,
"porque acaso el citado juramento
"no se llegue a prestar si alguno falta;
"para que esto se evite es necesario
"consintáis recibir en vuestra estancia,
"en esta misma noche, estando sola
"y al terminar el toque de las ánimas[4],
"a quien puede deciros claramente
"el modo de alejar desdicha tanta;
"a más, grandes secretos de familia
"podréis saber, y acaso vuestra raza
"a Rienzi logre darle una corona
"cual su ambición jamás pudo soñarla;
"pensadlo bien, mañana tarde fuera.
"Si aceptáis, colocad en la ventana

2. *tribuno:* Cada uno de los magistrados que elegía el pueblo romano reunido en tribus.

3. *conciliábulo:* Junta o reunión para tratar de algo que se quiere mantener oculto.

4. *toque de ánimas:* Toque de campanas en la iglesia a cierta hora de la noche, con que se avisa a los fieles para que rueguen por las ánimas del Purgatorio.

46

"una luz y después esperad sola
"la salvación de Rienzi o su desgracia;
"aquesto dice quien blasones[5] tiene;
"no lo olvidéis, puesto que sois romana."
(Dejando de leer.— Empieza a anochecer.)
Sin firma y con la fecha de hoy. ¡Dios mío,
qué otra nueva tormenta se prepara!

JUANA   Es una carta de intención profunda
y en estilo de nobles redactada.

MARÍA   (Sin hacer caso de Juana y como hablando sola.)
¿Es verdad o es mentira lo que leo?
y si es verdad, ¿acaso hago yo falta?
Rienzi es mi esposo fiel, mi buen amigo,
mando en su corazón, mas no en su alma;
¿por qué de mí se valen para un caso
en que mi voluntad no puede nada?
(Dirigiéndose a Juana.)
Juana, si me escuchaste, ¿qué respondes?

JUANA   (Con resolución y casi en sentido de reproche.)
Eres mujer de Rienzi; eres romana;
¿acaso abrigarás dentro del pecho
ese fantasma ruin que miedo llaman?
(Se levanta colocándose junto a la mesa.)

MARÍA   Tienes razón, y a fe que fuera mengua
esconder el temor dentro del alma,
pues sólo teme la mujer amante
perder el corazón del ser que ama.
¿Qué puede sucederme? mis recuerdos
velozmente se pierden en mi infancia
y me siento valiente en el peligro,
que siempre vi con la serena calma
del que alzando hasta Dios su pensamiento

5. *blasones:* Honor o gloria.

fija en otra región sus esperanzas. (Se levanta.)
Veremos si esta cita encierra un lazo
o noblemente se dictó la carta.

ESCENA II.

LAS MISMAS y DOS PAJES, con luces.

MARÍA   De noche ya; qué breve pasa el tiempo.
(Dirigiéndose a un Paje.)
¿Y el Tribuno?

PAJE   Con los nobles, señora, en una gran sala.

MARÍA   ¿Y viste en la ciudad preparativos?

PAJE   Toda Roma despierta y se engalana;
y ¿cómo no? si el pueblo conmovido
ante la nueva luz que se levanta,
contempla un porvenir de paz y gloria
¡que siempre lejos vio por su desgracia!

JUANA   (Interrumpiéndole.)
¡El pueblo! niño grande y consentido
que se olvida de ayer viendo el mañana!

MARÍA   (A Juana). Paréceme que sobra lo que dices.
(A los Pajes.)
Idos vosotros. (Se van.)
(A Juana.)   Ven y atiende, Juana.

ESCENA III.

MARÍA y JUANA.

MARÍA   Sabes muy bien que siempre te he querido;
servidora leal te hallé en mi casa.
Tú has sido para mí más que nodriza,
amiga, compañera, casi hermana;

Rosario de Acuña. (Foto *ABC*)

pero si bien te di pruebas seguidas
de ilimitada y ciega confianza,
no puedo consentir que en mi presencia
a los hechos de Rienzi pongas tacha;
y el que escarnece al pueblo a Rienzi ofende,
que es amigo del pueblo que lo aclama.

JUANA   No me comprendes, no; ¡triste es decirlo!
La intención que demuestran mis palabras
es que ese pueblo que al Tribuno adora,
es indigno de Rienzi y de su alma.

MARÍA   (Con ironía.)
¿Desde cuándo enemiga de la plebe?

JUANA   Sabes, María, que nací africana,
y que al Egipto que me vio en la cuna
le debo antiguo nombre, ilustre raza,
y aunque sierva por culpa de la suerte,
siempre miré de lejos la canalla[6].
En las grandes llanuras del desierto,
do pasaron los días de mi infancia,
a mi padre escuché sencilla historia
que al hablarle del pueblo relataba.
¿Quieres saberla?

MARÍA   Sí.

JUANA   Un gran liberto[7],
tenía una pantera encarcelada
y en ratos de placer se entretenía
con un hierro candente en azuzarla;
y aunque para gozar con su tormento
en la prisión a veces penetraba,
sin corbas uñas la rugiente fiera
y en cadenas de bronce aprisionada,

6. *canalla:* Gente baja, ruin.
7. *liberto:* Esclavo a quien se ha dado libertad, respecto a su patrono.

49

aunque los aires con su voz hendía
jamás a su verdugo maltrataba;
y aún hizo más; cuando de carne hambrienta
la miraba de lejos en su jaula,
fijando en su tirano dulces ojos,
llegó a pedirla con caricias mansas...
Vio a la fiera un esclavo y compasivo,
quiso de sus martirios libertarla,
rompió sus hierros y a ignorada cueva
la llevó; sus cadenas quebrantadas
logró cortar un día, pero entonces
la pantera a su pecho se abalanza,
y antes de que pensara defenderse
arrancóle la vida con sus garras.

MARÍA   (Sin comprender la intención de la historia.)
Y bien ¿pero y el pueblo?...

JUANA   El pueblo es fiera
que se debe tener encarcelada.

MARÍA   (Con tristeza y casi como un reproche.)
¡Y sin embargo, Juana, soy del pueblo!
(Variando de tono.)
Tú lo sabes, mi padre trabajaba,
y aunque libre, jamás pudo elevarse.

JUANA   Tu padre fue del pueblo ¿y eso basta
para probar que tú del pueblo seas?

MARÍA   (Con asombro.)
¡Intentas que reniegue de mi raza!

JUANA   (Interrumpiéndola.)
Esta noche recibe a quien te cita
y vuelve a preguntármelo mañana.

MARÍA   (Con vehemencia y queriendo comprender la intención
de Juana.)
¿Qué significa lo que dices?

JUANA   (Como si no la hubiese oído, dirigiéndose a la ventana.)

Juzgo
que la noche tranquila se adelanta
y que Rienzi saliendo del consejo
te vendrá a ver; creyendo no le agrada
hallarte en compañía, me retiro,
si el permiso me das.

MARÍA   (Con enojo.)   Vete, que basta
de escuchar un lenguaje tan oscuro
como el que tienes, por mi daño, Juana.

JUANA   Mi corazón es grande para amarte
aunque a veces le faltan las palabras. (Se va.)

ESCENA IV.

MARÍA, que al marcharse JUANA toma otra vez la carta y se sienta
junto a la mesa.

MARÍA   (Después de recorrer con los ojos la carta.) (Leyendo.)
Y a más, grandes secretos podréis saber.
(Dejando de leer, y como si pensara en alta voz.)
Edades del pasado,
recuerdos de mi vida,
si en el fondo del alma habéis dejado
alguna luz prendida,
agitadla, y acaso en la memoria
su estela refulgente
ilumine las sombras de mi historia.
(Pausa de algunos segundos, durante los cuales recorre
otra vez la carta sin dejar de mirarla.)
¡Noble de raza yo! ¡vana quimera!
(Deja de mirar la carta. Este período ha de recitarlo
como si fuera poco a poco recordando su vida.)
En mi infancia primera
escuché de mis padres los consejos,

51

que cansados y viejos,
en mí cifraban su ilusión postrera.
Sencillos campesinos, humildes en el nombre
[y la fortuna,
nunca pudieron rodear mi cuna
con blasones ilustres de nobleza,
¡qué fueron sus diademas en el mundo
las canas que adornaban su cabeza!
Después me abandonaron
por otro reino de mayor grandeza. (Pausa.)
¿Hay acaso en mi vida algún momento
que ignorado y oscuro
levante el pensamiento
a la vaga región de lo inseguro? (Pausa.)[8]
*No por cierto, que en paz y en alegría
*un día y otro día
*mi juventud pasaba,
*¡mi juventud dichosa!
*como el ave que canta en primavera
*jugando entre las flores revoltosa.

(Vuelve a tomar la carta y a recorrerla rápidamente con
una mirada. Refiriéndose a la carta.)

Y sin embargo, de mi nombre trata...

(Se levanta con movimiento rápido, dejando la carta sobre la mesa.)

¡Dejemos de pensar en tal delirio!

(Mira a la puerta del fondo.)

Rienzi tarda, ¡Dios mío, qué martirio! (Pausa.)
¡Qué arcano[9] encierra el corazón del hombre,
que el amor no le basta
y por buscar un nombre

---

8. [Nota de la autora] Véase la nota que hay al final del drama.
9. *arcano:* Misterio.

en pasiones y en luchas se desgasta!
*¡Nicolás Rienzi, genio poderoso,
*cuya alma engrandecida
*salvando las esferas de la vida,
*se levanta y se eleva
*a buscar la verdad en alto origen,
*en titánica prueba
*arrostra los delirios de la suerte
*y acaso (¡de pensarlo me horrorizo!),
*acaso juega ciego con la muerte! (Pausa.)
¡Grande es su idea, sí! digna del cielo!
¿Pero llegó a olvidar, desventurado,
que sobre aqueste suelo
cada siglo brillante y respetado,
necesita un cadáver desgarrado? (Pausa.)
¡Oh! Si el amor de la mujer querida
bastase a darle calma,
me arrancara la vida
pidiendo a Dios que le entregase el alma.

(Este monólogo depende completamente de la actriz,
que debe fijar cuantas palabras, pensamientos y conceptos se hallan en él. La escena que le sigue ha de ligarse
rápidamente a la terminación de dicho monólogo.)

ESCENA V.

RIENZI, precedido de dos pajes con hachas escondidas. MARÍA, al
escuchar a los pajes de otros salones que le anuncian, se dirige rápida
hacia la puerta. Los pajes, así que pasa Rienzi se van.

UNA VOZ   (Dentro.) El gran Tribuno Rienzi.
RIENZI   (Entrando y abrazando a María.) ¡Esposa mía!
MARÍA   En esa frente, amada con delirio,
           ¿hay nubes de pesar o de alegría?

RIENZI   Aunque en ella estuviese el mundo entero,
el mundo al contemplarte olvidaría.

MARÍA   ¡Oh Nicolás! mi amor no es el primero.

RIENZI   Sólo amaré una vez; oye, María.

(Se sienta. María repara en la carta y la toma guardándosela con disimulo.)

Si el alma soñadora
se encuentra de lo grande enamorada,
no supongas jamás que es su destino
secar del corazón la rica fuente,
cuyo origen divino
le dice al hombre, *piensa, pero siente.*
¡Qué te importa que en éxtasis profundo
abarque el pensamiento
la vida, Dios, la eternidad y el mundo,
si en el bello raudal del sentimiento
vives idolatrada,
como en búcaro de oro
la nítida azucena perfumada!

MARÍA   No me importará, no, si el alma mía
viese el triunfo a tu lado.

RIENZI   ¿Lo dudas tú? (Con energía.) Yo nunca lo he
[dudado.

MARÍA   Al escucharte el alma se enaltece.
Háblame del consejo; ¿qué ha pasado?

RIENZI   ¡Ah María! ¡Qué rudo es mi destino!
¡Cuánta fe necesita
mi espíritu gigante!,
este espíritu mártir que se agita
en un siglo gastado y vacilante.

MARÍA   ¿Acaso se te niega el juramento?

RIENZI   La queja que escuchaste
no se refiere sólo a tal momento.

MARÍA   Cuéntame tu pesar, tu incertidumbre;

el alma te comprende,
tú mismo la enseñaste,
y en tan vivo fulgor su lumbre prende.
Sin ti ¿qué era yo? Acaso
fantástico destello,
cuyo brillo jamás se abriera paso
en el mundo sublime de lo bello;
sin ti, mi corazón, mi inteligencia,
en letárgico sueño dormirían
y fuera mi existencia,
divina por su origen,
como perla escondida
que en el fondo del mar muere perdida.
*Mi vida fue una rosa abandonada
*de pétalos sencillos,
*por tu genio sublime cultivada.
Háblame; si tus penas
pueden hallar en el amor consuelo
yo romperé sus frágiles cadenas,
y olvidarás la tierra por el cielo.

RIENZI ¡Ese amor, ese amor divinizado
que busca el alma como origen cierto,
tu corazón le guarda inmaculado;
sin ese amor, el mundo es un desierto!
¡Y me le haces sentir! mi vida entera
se pierde cual fantástica quimera[10]
en la estela radiante
que deja en pos tu corazón amante.
Las miserables luchas
que la traición me ofrece,
mi pasado de horrible sufrimiento,

---

10. *quimera:* Lo que se propone a la imaginación como posible o verdadero no siéndolo. Ficción.

el hoy que me estremece
y el lejano *mañana* que se crece
en las sombras del libre pensamiento[11],
todo entre luz confusa
se pierde lentamente
cuando el alma cansada
mira tu corazón puro y vehemente.

MARÍA Tus ideas, tu ser, tu inteligencia
quiero guardarlas dentro de mi pecho.
¿Qué te han dicho los nobles reunidos?
¿Acaso se te niega ese derecho,
que el pueblo te legó como tribuno,
o como siempre han hecho
en la misma opinión no está ninguno?

RIENZI Para llegar al punto de esta noche
de largo he de tomar toda mi historia.
Tú la sabes cual yo, pero no quiero
que se borre jamás de la memoria.

(Relatando.)

Cuando mataron a mi pobre hermano
una turba de audaces caballeros,
aunque era niño, levanté la mano
y a los cielos juré tomar justicia
de un hecho tan villano;
mi alma luchó, luchó con mi destino
que me dio humilde cuna
y una escasa fortuna
para entrar de la vida en el camino;
en la lucha vencí grandes pasiones,
el estudio profundo marchitó mis primeras
[ilusiones

---

11. *libre pensamiento:* Doctrina que reclama para la razón individual independencia absoluta de todo criterio sobrenatural en materia religiosa.

y penetré en el mundo
llevando el corazón hecho girones.
En él tan sólo había
pura una fe, cumplir con mi promesa;
era muy grande sí, yo lo sabía,
¡pero el tiempo pasaba
y cada vez mejor la recordaba!
Estudié, trabajé, busqué un apoyo
y al fin subí; el pueblo soberano
su Tribuno me aclama y llega el día
en que vengue la muerte de mi hermano.

MARÍA   ¿Y tú la vengarás?

RIENZI   (Transición.)   ¡Nunca, María!
Mi promesa es impía;
que aprendí a conocer en mis desvelos
que el sol no brillaría
si hubiera siempre nubes en los cielos;
nubes son los rencores;
quiero que el sol de la justicia brille
como en tiempos mejores
haciéndonos iguales,
que todos somos hombres y mortales.
Nunca veré la sangre derramada
para vengar ofensas de mi vida;
yo cumpliré una empresa levantada
digna de un alma libre, engrandecida;
quiero que Italia con su antiguo nombre
y uniendo su poder, al mundo asombre.

MARÍA   Pero no sin luchar llegará el día
en que el pueblo romano
se apellide liberto y soberano.

RIENZI   Lo sé muy bien, la raza de los nobles
a ese plan gigantesco no se aviene,
ella vive gozando como reina

57

y de vida cambiar no le conviene.
La firme ilustre casa de Colonna
con la de Orsini[12] en declarada guerra
parece no se aterra
con el aspecto que mi pueblo toma,
y no quiere ceder, en cuyo caso
una lucha presiento sobre Roma.
La ley del buen estado
que la nobleza jurará mañana
en presencia del pueblo y del legado
del gran papa Clemente[13],
dominará el orgullo de esa gente;
pero si se rebela
y en jurar no consiente,
su rebelión en forma declarada
será anuncio de próxima tormenta,
principio de una lucha encarnizada,
titánica y sangrienta,
donde el pueblo llegando al heroísmo
derrumbe las postreras atalayas
que sirven de guarida al feudalismo[14].

MARÍA   Mas si la jura, el mundo con tu nombre
alzará un monumento.

RIENZI   Sí, María, por eso no te asombre
que anhele el juramento;
no hay gloria para el hombre
como empezar su siglo en las edades
sin que la sangre humana
a torrentes vertida
oscurezca los hechos de su vida.

---

12. *Orsini y Colonnas:* Ilustres familias de príncipes italianos que fueron rivales largo tiempo. Ambas dieron varios papas, cardenales, etc.

13. *Clemente:* Clemente VI fue Papa de 1342 a 1352.

14. *feudalismo:* Organización política, fundada en el feudo medieval.

Si juran esa ley, si en mi presencia
rinden sus armas los opuestos bandos,
si a mi edictos prestan obediencia,
el asombrado mundo
verá en ruinas los fuertes torreones,
y en la ciudad, señora de los siglos,
alfombra de los templos los pendones.
Los de Estensi, Carrara y Malatesta,
los Savelli y Orsini[15]
esta noche ofrecieron
rendir su voluntad a mis designios.

MARÍA   ¿Lo cumplirán?

RIENZI   No sé; despúes dijeron
que o todos o ninguno;
Colonna se callaba
y tengo para mí que imaginaba...

MARÍA   (Con vehemencia.)
¡Declararle la guerra al gran tribuno,
indisponerse acaso con el Papa,
que apoya tu poder, retar al pueblo
que su padre te nombra!

RIENZI   Es noble y no me asombra.
¿Puede acaso dejar esa campiña
hundiendo sus castillos,
albergue de la infamia y la rapiña?

MARÍA   Y si en ellos se encierra,
¿qué vas a hacer?

RIENZI   (Levantándose.)   Empezaré la guerra.
Si mañana al subir al Capitolio,
en mi linaje oscuro
vieras sólo una sombra de nobleza,
ninguno levantara la cabeza,

---

15. *Estensi, Carrara, Malatesta...:* Familias nobles italianas.

que tengo por seguro
les detiene pensar que su grandeza
ante el pueblo se inclina
y un hijo de ese pueblo la domina.

MARÍA   (Levantándose, ap.)
(Acudiré a la cita de esta noche.)
(Alto.) Y acaso el pueblo duerme confiado
mientras velando tú pierdes la calma.

RIENZI   Duérmese el cuerpo mientras vela el alma.

MARÍA   (Con insistencia.)
Breves horas no más ríndete al sueño.

RIENZI   (Como hablando solo y dejándose llevar hacia su habitación.)
Lucharé y venceré.

MARÍA   (Con pasión.)   Y en tu camino
tranquila me verás siempre a tu lado,
mi destino será cual tu destino.

RIENZI   (Con pasión, rodeando uno de los brazos a la cintura de María.)
¡Ángel idolatrado,
yo soy lo terrenal, tú lo divino!

(Se van por la primera puerta de la derecha del espectador.)

ESCENA VI.

JUANA primero, después PEDRO COLONNA.

JUANA   (Mirando a todos lados.)
Se fue con Rienzi, la señal olvida
y con ella tal vez el solo medio
para decirle un día a toda Roma
que su nombre es ilustre y no del pueblo.
(Empiezan a tocar las ánimas; las campanas se oyen le-

jos, Juana toma una luz y la coloca en la ventana, sobre
una mesa que habrá cerca de ella. —Dirigiéndose con la
vista a la habitación de María.)

Mas yo velo por ti, yo que en el mundo
ni hogar, ni patria, ni familia tengo,
yo que te adoro como adora el alma
que ha sentido el calor de los desiertos.

(Termina el toque de ánimas.)

Sabré por fin quién es el que posee
de tu nombre y origen el secreto.

(Entra Colonna embozado, y al ver a Juana da un paso
para retirarse.)

JUANA   (Que le detiene con un ademán.)
María ha de venir, pero es preciso
que, antes de verla, escuches un momento.

COLONNA   (Sin desembozarse.)
Tengo que hablarla.

JUANA   (Con energía.)   Bien, conmigo antes,
y habla con ella si te place luego;
acércate, contempla ese retrato (Le saca.)
y deja lo demás, que pasa el tiempo.

COLONNA   (Cediendo al tono imperioso de Juana, se acerca, se de-
semboza y mira el retrato.)
¡La madre de María!

JUANA   (Con desprecio, al reconocer a Colonna.)
                 Te esperaba,
Pedro Colonna. ¿Sabes lo que pienso?
que en tu raza no mueren los infames,
y si el hermano de tu padre ha muerto,
tu carta y la venida de esta noche
cual sobrino te aclaman desde luego.

COLONNA   (Sin hacer caso de los insultos de Juana.)
Sabes entonces que María es hija...

JUANA   De un Colonna que *noble caballero*

supo fingirse de villana estirpe[16]
para mirar cumplidos sus deseos.
(Colonna hace intención de hablar.)
No me interrumpas, porque el tiempo pasa
y quiero hablarte...

COLONNA   Lo que no comprendo
es que tú sin razones ni motivo
poseedora te encuentres del secreto;
¿quién eres y qué intentas al hablarme?

JUANA   Quién soy ya lo sabrás, mas lo que intento
es decirte que velo por María,
que no he sabido nunca lo que es miedo,
y una lágrima sola que derrame
podrá costarte la cabeza, Pedro.

COLONNA   Me asombra que te escuche con paciencia,
que eres sierva y a todos los desprecio.

JUANA   Desprécianos y acaso llegue el día
que te mires esclavo de los siervos.
(Colonna se sienta.)
Noble soy como tú; libre mi padre
un tesoro perdió y al verse deudo
de la casa feudal de los Colonnas,
que para negociar le concedieron
mil tornesas[17], temiendo su venganza
firmó un tratado en que los hijos, luego
que él muriese, la deuda pagarían,
obligándose en caso de no hacerlo
a rendirla tributo y homenaje
y a acatar cual villanos su derecho...
Los hijos no pagamos, ¡fue imposible!

16. *villana estirpe:* Familia de la plebe o estado llano.
17. *tornesas:* Moneda antigua de plata, que equivalía a tres cuartillos de real.

y a cambio de un puñado de dinero
toda una raza ilustre fue vendida:
¡así amontona el feudalismo siervos!
los compra con el hierro o con el oro.

COLONNA ¡Tú de mi casa!

JUANA   Sí; pasando el tiempo
murieron mis hermanos y mi esposo,
que un hijo me dejó: tu noble abuelo
en Palestrina[18] estaba con tu padre,
y el hermano menor de aqueste, viendo
una tarde a mi hermana, enamoróse;
quiso rendirla con traidor manejo,
y fingiéndose un hijo de la plebe
logró su amor y consiguió su intento;
nació María el día en que mi hijo
de paso en este mundo voló al cielo,
y entonces la infeliz hermana mía,
próxima a sucumbir y conociendo
que el hombre a quien amó la abandonaba,
me hizo depositaria del secreto
legándome su hija...

COLONNA (En son de burla.)   ¿Y su venganza?

JUANA (Le mira con desprecio y sigue.)
Busqué a Colonna, conocióme presto,
y me juró que si al morir quedaba
sin un hijo legítimo heredero,
su fortuna y su nombre dejaría
a la niña infeliz; levantó el feudo[19]
que sobre mí pesaba, me hizo libre,
y a dos ancianos de su casa deudos[20],

18. *Palestrina:* Ciudad italiana a 34 km al SE de Roma y a orillas del Tíber.
19. *levantó el feudo:* Suprimió el vasallaje.
20. *deudos:* Aquí *deudor* obligado a satisfacer una deuda.

les obligó a adoptar por hija suya
a la hija de su amor, dándoles luego
una fortuna con la cual pudieran
librarse de homenaje[21]; en su derecho
estaba al separarme de María
y nada pude hacer.

COLONNA   Pero no acierto...

JUANA   (Con impaciencia.)
Déjame terminar y entonces habla.
Colonna de mi sombra tuvo miedo
y no quiso que cerca de su hija
viviese quien guardaba su secreto;
yo que miraba en la inocente huérfana
un porvenir de amor a mis recuerdos,
me eché a sus plantas, supliqué llorando,
y conseguí del hijo de tu abuelo
pasar como nodriza de la niña,
tomándome el solemne juramento
de que jamás mi labio la diría
que el mismo nombre que su madre llevo.
Veinte años hace que callando vivo
y sellará la muerte mi silencio.

COLONNA   ¿Y ese retrato entonces...

JUANA   De María
los padres adoptivos sucumbieron,
pero antes de morir me le dejaron
con el encargo de que andando el tiempo,
si otro retrato igual se me entregaba
pudiese reclamar con justo empeño
la legítima herencia de María.

COLONNA   ¿Pues ignorantes los taimados viejos
no sabían la estirpe de la joven?

21. *homenaje:* Sumisión.

JUANA   Infelices, jamás la conocieron.
Tu tío, ese Colonna maldecido,
veló entre sombras la verdad del hecho.

COLONNA   Y al casarla con Rienzi...

JUANA   Como hija
con su humilde apellido se la dieron.

COLONNA   De manera que tú sola...

JUANA   En el mundo
Colonna y yo su nombre conocemos.

COLONNA   Colonna ha muerto ya.

JUANA   Lo sé, y acaso
tu sabes lo que dice el testamento?

COLONNA   No puedo responderte, que a María
solamente le importa conocerlo.

JUANA   Voy a buscarla, pero nunca olvides
que sangre egipcia en mi linaje[22] tengo.

COLONNA   Dame el retrato.

JUANA   No, como nodriza
de la niña infeliz guardarle debo.
Si ha de vivir cual hija de Colonna
preséntame otro igual y desde luego
te le daré; hasta entonces con la vida
podrás arrebatármelo del pecho.

(Se va por la puerta por donde salieron Rienzi y María.)

ESCENA VII.

PEDRO COLONNA solo.

Mi tío me legó su vasta herencia,
y al hacer testamento
dejó a mi voluntad y a mi conciencia

---

22. *linaje:* Ascendencia familiar.

que buscase a la huérfana María,
y en su nombre, si acaso la encontraba,
dijo me autorizaba
para legarle el título y fortuna.
Mi tío confiaba
en que su testamento cumpliría.
¡Por Dios! No se engañaba,
que yo le cumpliré si esa María
no tiene el alma desgastada o fría.

ESCENA VIII.

MARÍA, seguida de JUANA, entra por la puerta de la derecha, primer término. Al ver a Colonna en medio de la estancia, hace un movimiento de asombro. Juana se queda junto al tapiz izquierdo del fondo.

MARÍA   ¡Colonna aquí, Dios mío! el pensamiento
túrbase a veces entre sombra vana.

COLONNA   (Saludándola.)
    Noble María...

MARÍA   (Interrumpiéndole y con acento altanero.)
           Sin perder momento
dime al punto qué quieres. (A Juana.) Vete,
Juana.
(A Colonna.)
Sé breve y no levantes el acento[23];
Rienzi no duerme.

JUANA   Espiaré cercana.
(Al escuchar la orden de María cruza lentamente la escena y se va por la puerta de la derecha, cerrando antes la del fondo.)

23. *acento:* Voz.

COLONNA   (Con tono persuasivo.)
    Por su patria y por él pretendo hablarte.

MARÍA   (Con altanería.)
    Por mi patria y por él vengo a escucharte;
    como llegaste aquí dime primero
    y el nombre del traidor...

COLONNA   No hubo ninguno.
    Entré como le cumple a un caballero:
    fui llamado a presencia del Tribuno
    para ser de sus actos consejero.
    Me retiré sin que me viera alguno,
    y al salir en la opuesta galería
    esperé la señal que te pedía.

MARÍA   No es muy noble tu acción: dime qué quieres.

COLONNA   Darte los medios de salvar a Roma.

MARÍA   ¿Y para aquesto a Rienzi me prefieres?

COLONNA   Rienzi el orgullo de monarca toma;
    nada quiero con él, en ti confío;
    tu voluntad será la que decida.

MARÍA   Y acaso ¿puede tanto mi albedrío?

COLONNA   (Con gran intención.)
    Puede causar la muerte o dar la vida.

MARÍA   De tus palabras, Pedro, desconfío.

COLONNA   Mañana Roma se verá perdida
    si no me escuchas con serena calma.

MARÍA   Comienza a relatar. (Cállese el alma.)
    (Se sienta.)

COLONNA   (De pie.) Mi hermano Esteban por los años
            [yerto[24],
    viviendo en Palestrina retirado,
    ignora el pernicioso descontento
    que en Roma Nicolás ha levantado.

---

24. *yerto:* Rígido, áspero, inflexible.

Representante de mi noble casa
en la ciudad eterna yo me veo,
la fuerza de mi nombre nada escasa,
yo solo por fortuna la poseo.
¡Debes saber, María, cuanto pasa!

MARÍA   Todo lo sé.

COLONNA   Pues bien, a tu deseo.
¿He de jurar la ley del buen estado,
o me declaro en guerra levantado?

MARÍA   (Con vehemencia.)
¡Que si la has de jurar, Virgen María!
Pedro Colonna, sí, yo te lo ruego;
no guarda más afán el alma mía.
¡No ha de querer al sol el pobre ciego!
Dime lo que he de hacer, mi vida toda
no pudiera comprar fortuna tanta.

COLONNA   (Con frialdad y odio.)
Mucho quieres a Rienzi; me acomoda.

MARÍA   (Suplicante.)
Deja ese acento frío que me espanta,
y dime que he de hacer.

COLONNA   (Primero con vehemencia y luego con pasión.)
                         ¿Viste en el cielo
la nube que ligera se estremece
y henchida por atmósfera de hielo
sobre la tierra gigantesca crece?
Mi corazón en su amoroso anhelo
a la nube ligera se parece;
el amor que te guarda es tan profundo
que deja en sombras lo demás del mundo.

MARÍA   (Levantándose con un brusco movimiento y demostrando
en sus ademanes que está espantada de lo que oye.)
¡Jesús qué horror! la mente que delira
pudo fingirme, Pedro, tus palabras;

todo cuanto escuché, todo es mentira.

COLONNA   (Con ímpetu.)
De Italia y Roma la desdicha labras;
dame tu amor.

MARÍA   (Con resolución.) ¡Jamás!

COLONNA   (Con encono.)   Pues bien, mañana
empezará la lucha fratricida.

MARÍA   (Como si no le oyera y siguiendo con horror los pensamientos de Colonna.)
¡Que te venda mi honor siendo romana!

COLONNA   (Amenazándola.)
¡Que firmas la sentencia de su vida!

MARÍA   (Con espanto.)
¡Ah! qué dices, no, no, Dios soberano,
eso no puede ser, Rienzi es querido.

COLONNA   (En tono de convicción.)
El jefe de los nobles es mi hermano,
si no le juran se verá perdido.

MARÍA   (Con vehemencia.)
Y esto se llama ¡oh Dios! un ser humano.

COLONNA   (Acercándose a María.)
Dime que serás mía, y tu apellido
de Colonna, legítima heredera,
podrá saberlo la nación entera.

MARÍA   (Como si de pronto recordase la carta, la saca del bolsillo, y recorriéndola precipitadamente con la vista, une la
acción a la palabra.)
Eso es cierto, tu carta...

COLONNA   Sí.

MARÍA   El destino
en hondo abismo por mi mal me encierra.
(Dirigiéndose a Colonna con vehemencia.)
¿Para qué te pusiste en mi camino,
aborto miserable de la tierra?

Cúmplase tu maldad, cúmplase el sino;
levanta el estandarte de la guerra
y la sangre que vierta el inocente
caiga como baldón[25] sobre tu frente.

(Durante estos últimos versos Juana aparece en el dintel
de la puerta por donde se marchó, escucha breve rato y
vuelve a retirarse a la terminación de la escena.)

COLONNA (Que se halla enfrente de la puerta de las habitaciones
de Rienzi, ve venir a éste y hace un movimiento de terror.)
Rienzi viene.

MARÍA (Con espanto.) ¡Jesús, estoy perdida!
Retírate.

(Colonna va a salir por la puerta del fondo, y encontrán-
dola cerrada no tiene más tiempo que el necesario para
ocultarse detrás del tapiz del fondo, correspondiente a
las habitaciones de María.)

RIENZI (Apareciendo por la puerta derecha del primer término.)
Me pareció que hablabas.

MARÍA (Haciendo un esfuerzo para serenarse.)
Pudiera suceder, porque dormida...

RIENZI ¡En pesadilla acaso te agitabas!
(Cruza la escena y se coloca junto a la mesa.)
Yo la tengo despierto, sí, ¡Dios mío!
si no jura esa raza miserable,
¿qué va a pasar en Roma?

MARÍA (Mirando al tapiz.) Yo confío...

RIENZI No, María, la guerra inevitable,
y después, no lo sé; si yo pudiera
obligar a Colonna al juramento!

MARÍA (Ap. y refiriéndose a Colonna.)
(¡Virgen santa, y lo escucha! Si supiera!...)

25. *baldón:* Oprobio, injuria.

RIENZI (Siguiendo la hilación de su pensamiento.)
Pero es tan orgulloso y violento...
Si fuese noble yo le obligaría,
que esa gente fiada en sus blasones
no atiende ni discursos ni razones,
y obedece a dudosa jerarquía.
(Dirigiéndose a María.)
Déjame meditar, esposa amada,
porque al verte tan pura y tan hermosa,
el alma olvidaría enamorada
el fin de una misión harto grandiosa.
Vete, porque al salir la nueva aurora
he de luchar con fuerzas de gigante,
y el hombre que rendido se enamora
no puede ser caudillo, sino amante.

MARÍA (Dirigiéndose a su habitación.)
Adiós. (Le salvaré dando la vida.)

RIENZI (Hablando consigo mismo, ínterin sale María. —Toma
el libro.)
En la historia de ayer voy a fijarme,
y acaso alguna página perdida
me aconseje los medios de salvarme.

MARÍA (Al pasar por el tapiz se para y brevemente dice a Colonna.)
Antes de que principie el juramento
quiero hablarte.

COLONNA (Con el mismo tono.) Vendré, pierde cuidado.

RIENZI (Que al terminar sus últimas palabras se sentó en el sitial, se refiere al libro que tiene en la mano, y que segun
él mismo dijo al cogerlo, es la antigua historia de
Roma.)
A mi pesar vacila el pensamiento
recorriendo la historia del pasado.

COLONNA (Sale de detrás del tapiz, echando mano al puñal.)

71

(Si muriera… Por Cristo, tal momento
no lo debo perder.) (Se adelanta con cautela.)

RIENZI   (Refiriéndose a la historia.) Asesinado
murió Graco.

JUANA   (Sale por la puerta de la izquierda, ve la actitud amena-
zadora de Colonna, y con un movimiento rápido abre la
puerta del fondo, indicándola a Colonna con imponente
ademán.)

(Aquel es tu camino.)

RIENZI   (Refiriéndose siempre a la historia.)
¡Quién pudiera leer en su destino!

(Cae el telón, dejando a los personajes en la siguiente
actitud: a la derecha y en el fondo, Colonna, inmóvil
ante la figura de Juana, que en frente de él le señala la
puerta con la mano: Rienzi, sentado y meditando con el
libro abierto, ignorante de todo lo que ha pasado a su
espalda.)

FIN DEL ACTO PRIMERO

ACTO SEGUNDO

Salón del Capitolio: a la derecha del espectador dos puertas que dan
entrada a las habitaciones de Rienzi: a la izquierda un balcón por el
que se supone ver a lo lejos la plaza del Capitolio. En el fondo gran
puerta; a la izquierda mesa, recado de escribir y sitiales. A los dos
lados de la puerta dos trofeos, en el uno dos banderas, una de ellas
con las armas de Roma; en el otro un estandarte no muy grande que
tiene sobre fondo azul floreado de estrellas, una paloma blanca con
un ramo de oliva, pendón emblemático del tribuno Rienzi.

ESCENA PRIMERA

RIENZI, JUANA.

JUANA   (De pie al lado del sitial.)
         Y a Esteban ¿le avisaste a Palestrina?

RIENZI   (Que está sentado.)
         A poco que saliste de mi estancia
         anoche mismo le avisé.

JUANA   Y no sabes...

RIENZI   Sé que al llegar mi heraldo a su morada
         como una fiera se tornó el buen viejo,
         diciendo que arrojasen de su casa
         al mensajero infame que traía
         noticia que a su estirpe maltrataba:

73

a poco se calmó, porque parece
que ciertos nobles que con él estaban,
noticiosos de todo lo que en Roma
de algunos días a la fecha pasa,
dijéronle que peligroso era
que en una negativa se encerrara;
y entonces más humano, al mensajero
le dio respuesta terminante y clara.

JUANA   (Con vehemencia.)
Y esa respuesta es...

RIENZI   Que al ser de día
mandaría a decirme si juraba.

JUANA   (Acercándose a la ventana.)
El sol ya brilla en el cenit ha rato
y ¿aún nada sabes?

RIENZI   No.

JUANA   (Volviendo al lado de Rienzi.) Maldita raza.

RIENZI   Pero, Juana, aun no vuelvo de mi asombro
cuando recuerdo la perversa trama
que ese Pedro, tan vil y tan infame,
a la pobre María le contaba.
¿Tú lo escuchaste bien?

JUANA   (Violentándose al responderle.)
                 Que sí te digo.

RIENZI   ¿Verdad que lo que dijo fue una infamia?
(Como hablando consigo mismo.)
¡Mi buena esposa, de Colonna hija!
imposible, Dios mío, lo jurara!

JUANA   Debes estar tranquilo, pues ya sabes
que todo fue mentira: historia larga
es contarte la vida de María
desde los tiempos de su tierna infancia.
(Con marcada violencia.)
Yo la he visto nacer, y te aseguro

que es humilde su nombre cual su raza.
(¡Oh! Dios mío, valor!)

RIENZI   Ese Colonna
miserable que intenta deshonrarla,
hoy mismo se verá bajo mi yugo,
y acaso su cabeza ensangrentada
anuncie a Roma que las leyes mías
han podido cumplirse sin jurarlas.
Gracias a ti, de lo pasado anoche
tengo noticias, y por Dios que el alma
no olvidará jamás lo que te debe. (Se levanta.)
Pídeme lo que quieras, noble Juana.

JUANA Pues bien, te pido que tu esposa ignore
que contigo yo hablé.

RIENZI   Te doy palabra
que nada le diré. ¿Estás contenta?

JUANA Gracias, señor. ¿Olvidarás la carta?

RIENZI (Se dirige hacia su habitación, pero antes le enseña a
Juana la carta.)
Aquí llevo esa cita maldecida
que trajo los disgustos a mi casa.

JUANA Que no sepa María que la tienes,
pues yo se la pedí para quemarla. (Vase Rienzi.)

ESCENA II.

JUANA sola.

Este monólogo depende completamente de la actriz. Se dirige con la
vista y la acción por donde salió Rienzi.

La verdad no sabrás, no por mi nombre;
al brillar en Oriente el nuevo día

rodó al fondo del Tíber el retrato,
la única prueba que en el mundo había
del verdadero nombre de María.
Yo moriré callando:
¡hija del alma, tu mejor corona
es la virtud! el oro de tu herencia
no se puede cambiar por tu deshonra;
no hay nada en la existencia
para borrar las manchas de la honra.

ESCENA III.

JUANA, un PAJE y un HERALDO.

PAJE   Pasad, heraldo. Juana, ¿y el Tribuno?

JUANA   (Mirando fijamente al heraldo.)
Ha poco retiróse hacia su estancia.

PAJE   De la casa feudal de los Colonnas
viene este heraldo y verle me demanda.

JUANA   No le detengas y al Tribuno avisa;
(Al ver que el Paje se dirige solo a la habitación de Rienzi.)
pero no, que a la fiesta se prepara
y te hiciera esperar; llévale al punto.

PAJE   (Al oír a Juana se detiene.)
Y si me dice…

JUANA   No, no dirá nada.

PAJE   (Indicando al heraldo la puerta y saliendo con él.)
Por aquí.

JUANA   Ojalá que no me engañe,
pero al mirar al mensajero, el alma
me dijo en su lenguaje misterioso
que al juramento Esteban se prepara.

76

ESCENA IV.

JUANA, PAJE.

PAJE (Mirando a la estancia de Rienzi.)
Lujoso está el Tribuno, por mi nombre.
(Ve a Juana, que está junto al sitial en actitud pensativa, y se dirige a ella.)
¿Verdad que es hermosísima la fiesta?
¿No me escuchaste, Juana? ¿qué respondes?

JUANA (Distraída.)
No bajé a la ciudad.

PAJE   Roma presenta
tan vistosos y ricos atavíos
como la mente en el delirio sueña;
las calles de tapices adornadas;
las ventanas con flores y preseas[26];
el caballo que rige Marco Aurelio[27],
aunque es de bronce, sobre la alta piedra
vierte a raudales espumoso el vino
por la ancha boca con el freno abierta.
Cruzan las calles en alegre danza
y dándose las manos mil parejas,
en tanto que resuenan los clarines
y tremolan al viento las banderas.

JUANA (Que saliendo de su distracción, oyó con atención las últimas palabras del Paje.)
Muy alegre está el Paje a lo que veo.

PAJE Estoy alegre como Roma entera.
Y ¿cómo no? cuando tenemos leyes
que causarán la envidia de la tierra.

26. *preseas:* Alhaja, joya, cosa de valor.
27. *caballo que rige Marco Aurelio:* Estatua ecuestre antigua, fundida en bronce, que se halla en la plaza del Capitolio.

JUANA   (Con tristeza.)
         Leyes que acaso el pueblo las rechace.

PAJE   Tú sola pensarás tanta demencia.
         Si vieras hoy lo que sucede en Roma
         olvidaras al punto tus ideas.
         Con briales[28] lujosos las señoras
         y con sayal humilde la plebeya,
         con tosco paño el campesino rudo
         y el noble con escudo y con cimera,
         todos se apiñan en confuso grupo
         para ver al Tribuno, y no lo hicieran
         si Rienzi no le diese a nuestro pueblo
         unas leyes tan sabias cual discretas.
         Gracias a él, el homicida es muerto,
         y dispuestos al punto a la pelea
         cada cuartel de Roma tendrá fijos
         cien hombres; además a la nobleza
         la obliga a hundir sus torres y castillos
         y le quita la guarda de las puertas
         de nuestra gran ciudad; rinde el orgullo,
         de esa gente tiránica y soberbia
         haciéndola jurar solemnemente
         que a sus mandatos prestará obediencia;
         asegura la paz en los caminos
         y habrá graneros do con mano abierta
         se les dará a los pobres alimento
         si apareciese el hambre o la miseria.
         Estas leyes tan sabias y precisas
         ¿se pueden olvidar?

JUANA   El tiempo abrevia
         lo que jamás el pensamiento humano

---

28. *briales:* Saya de seda que usaban las mujeres.

lograra prevenir y, aunque no creas,
te aseguro que el paso de la historia
otras leyes más sabias nos presenta
hundidas entre el polvo del olvido
o tenidas cual sombras pasajeras.
Además esa ley no está jurada,
y aunque al pueblo le agrade, la nobleza
puede muy bien negarse a recibirla
y entonces, claro está, viene la guerra

PAJE   Pues bien, pelearemos. ¡Qué demonio!
no siempre ha de ser nuestra la prudencia;
acaso lograremos enseñarles
que con el pueblo débil no se juega,
y que si ha consentido toda Roma
esas luchas feroces y sangrientas
de Colonnas y Orsinis, llegó el caso
de ponerlos en paz, aunque no quieran.
El Tribuno será nuestro caudillo
y con él ganaremos la pelea
y habremos de matar tantos barones
como ellos matan de la clase nuestra;
que a la ley del Estado se resistan
y te juro... me voy, que Rienzi llega. (Se va.)

JUANA   (Sola. Este monólogo depende de la actriz).
¡Pueblo!, ¡nobleza! ¡Oh Dios! Delirios vanos
que empeceis esa lucha fratricida!
pueblan el mundo siervos y tiranos;
¡mientras no se confundan como hermanos
jamás la ley de Dios será cumplida!
¡La nobleza... ignorante, el pueblo...

                           [imbécil!
¡Cuanta sangre vertáis toda perdida!
Faltan ciencia y virtud... ¡aún está lejos
la redención completa de la vida!

ESCENA V.

JUANA, RIENZI, HERALDO.

RIENZI   (Lujosamente vestido para la ceremonia del juramento; sale de su estancia seguido del Heraldo, y en el segundo término de la escena habla con él.)

Decidle si le halláis al noble Esteban
que la última en jurar será su casa,
pues desde Palestrina al Capitolio
tres horas por lo menos hacen falta;
y a más decidle que su hermano Pedro
ignora mi mensaje y su demanda.

(Se dirige hacia Juana.)

HERALDO   (Antes de salir por la puerta del fondo.)

Adiós, señor.

RIENZI   (Dirigiéndose primero al Heraldo y luego a Juana.)

            Que Dios os guarde. El cielo
protege al inocente; mira, Juana.

JUANA   (Se apodera con rapidez del pergamino que le da Rienzi, y después de recorrerle con la vista se lo devuelve. Con vehemencia.)

¡Vendrá Colonna!

RIENZI   Sí; de Palestrina,
esa villa con puentes y almenada,
ya habrá salido en dirección a Roma,
y cual representante de su casa,
me promete prestar el juramento
en atención a su querida patria.

(Estas últimas palabras las dice Rienzi con intención.)

JUANA   ¡Qué falso!

RIENZI   Mucho; sólo por el miedo
se rinde complaciente a mis instancias.

JUANA   Y Pedro, ¿nada sabe?

RIENZI   No, y Dios quiera

que ignore por completo lo que pasa.
(Se sienta junto a la mesa.)
Y María, salió?

JUANA   Sí, fue a San Pedro.
Me necesitas?

RIENZI   No.

JUANA   Voyme a buscarla. (Se va.)

RIENZI   (Solo, recorriendo con la mirada el mensaje de Esteban
            Colonna.)
            Cedió, y a mi pesar, aún desconfio.
            ¿Llegaré a dominar su altiva raza?
            (Deja el pergamino.)
            ¡Sombras ilustres de romanos todos
            que veis la lucha que sostiene el alma,
            acudid a mi pobre pensamiento,
            dadme la fe! mi empresa levantada
            puede ceñirme de inmortal renombre
            y abrir camino al porvenir de Italia.

ESCENA VI.

MARÍA, seguida de JUANA y de dos camareras, entra por la puerta
del fondo con una carta en la mano; se quita el manto, que lo da a una
de ellas: éstas y Juana se van por la derecha y ella se adelanta hacia
RIENZI, que está sentado.

MARÍA   (Después de quitarse el velo y al dirigirse al centro de la
            escena.)
            (Ap.) (Dios atendió mi ruego, y a mi alma
            fortaleza le da para la lucha.)
            (Ve a Rienzi y se dirige hacia él con cariño.) ¡Rienzi!

RIENZI   (Se vuelve a la voz de María, se levanta y se abrazan.)
            Mi amor.

MARÍA   (Despréndese de sus brazos.)
                        ¡Lograste ya la calma!

81

RIENZI   (Con pasión e intención doble.)
Un alma grande necesita mucha.
(Viendo el papel que trae María.)
¿Qué papel es aqueste?

MARÍA   (Refiriéndose al papel.)   Roma entera
le pregona cual nuncio[29] de alegría,
y tu querida esposa la primera
quiso decirte lo que en él había.
La lira del Petrarca[30] te saluda
como jamás le saludó a ninguno,
y aunque se torne la fortuna ruda,
tu fama pasará, noble Tribuno!

RIENZI   (Con altivez.)
Si el alma mía levantó su vuelo
nunca fue por lograr palma de gloria,
que guarda muchos mártires el cielo
ignorados del hombre y de la historia.
Hónrame que el Petrarca, astro divino,
cuyo genio a los hombres les aterra,
me salude al cruzarse en mi camino:
mas si no he de cumplir con el destino,
¡qué me importan las glorias de la tierra!

MARÍA   Acaso con el canto del poeta
se enaltezcan los hechos de tu vida,
si la historia fingiéndose discreta
débil o apasionada los olvida.

RIENZI   Dame la carta.

MARÍA   No, leerla quiero,
que si la fama tu virtud pregona,
yo que a todo en el mundo te prefiero,
voy a ceñirte la mejor corona.

---

29. *nuncio:* Señal.
30. *Petrarca.* El poeta italiano Petrarca nació en 1304 y falleció en 1374.

(Leyendo.)
"¡Salud, romanos! ¡pueblo cuya fama
"es antorcha del mundo,
"antorcha que en fulgores se derrama
"sobre el centro profundo
"y en la inmensa región que el sol inflama.

. . . .

"La libertad se sienta a vuestro lado;
"madre del hombre, diosa de la suerte,
"es una emperatriz cuyo reinado
"no se puede acabar ni con la muerte.
"Se aduerme de pesar estremecida,
"o se aleja del pueblo temerosa
"cuando siente una lucha fratricida.
"No la busquéis en noche tenebrosa,
"la libertad es lumbre de la vida.
"Velad por ella como amantes hijos,
"y con los ojos fijos
"en la cumbre del alto Capitolio,
"obedeced al salvador de Roma,
"¡al héroe que levanta la paloma
"entre los pliegues fúlgidos del solio[31]!
"Con el puñal sangriento de Lucrecia[32]
"este nuevo Camilo[33] en su venganza

---

31. *pliegues fúlgidos del solio:* Pliegues brillantes del trono.
32. *Lucrecia:* Esposa de Tarquinio Colatino. Según la leyenda fue viola-
da por Sixto, hijo de Tarquinio el Soberbio, el último rey etrusco. Después
de revelárselo a su marido se suicidó, lo que ocasionó una revuelta popular
acaudillada por Julio Bruto que expulsó de Roma a los reyes etruscos e
instituyó junto a Tarquinio Colatino un nuevo régimen político, la república.
33. *Camilo:* Llamado por Tito Livio "padre de la patria y segundo fundador de Roma" (Livio 5, 49, 7). Conquistó la famosa ciudad etrusca de Veyes
hacia el 396 a. C. y fue el principal artífice de la recuperación de Roma, tras
su victoria sobre los galos el 387/386 a. C.

"hará de Roma la moderna Grecia;
"tan sólo en él fijad vuestra esperanza,
"y unidos bajo el trono de su gloria
"pasaréis a los siglos de la historia.
"Y tú, noble mortal predestinado,
"tú, que viendo las sombras del pasado
"sigues de Bruto[34] y Rómulo[35] el camino
"y a tu pueblo infeliz y desgraciado
"le das un rayo del fulgor divino;
"tú, si quieres cumplir con el destino
"no abandones jamás a tus hermanos,
"que si muere la fe de tus conquistas
"se alzarán imponentes los tiranos.
"¡Gloria a tu nombre, gloria a tus hazañas,
"patricio ilustre de la altiva Roma;
"por ti la Italia con naciente vida
"contempla engrandecida
"el águila feudal que se desploma;
"por ti la libertad, pura y triunfante,
"alumbrará nuestros sepulcros yertos
"y la cuna tranquila del infante.
"Yo te saludo, protector del hombre.
"¡Romanos del ayer! ¡Paso a su nombre![36]

RIENZI   (Entusiasmado con las frases que le dirige el poeta, exclama:)

¡Honra del mundo! con tu hermosa lira
de polvo de tierra me levantas.

---

34. *Bruto:* Lucio Junio Bruto fue el fundador de la República romana, según la tradición. No ha de confundirse con Marco Junio Bruto, el asesino de César.

35. *Rómulo:* Hermano de Remo y con él legendario fundador de Roma, donde reinó, según la tradición, de 753 a 715 a. C.

36. [Nota de la autora] Esta carta está versificada sobre la traducción española, en prosa, de la que escribió el Petrarca.

¡Tu ardiente corazón! ¿dónde se inspira?
inmortal ha de ser lo que tú cantas!

MARÍA   (Siguiendo el pensamiento de Rienzi.)
Su apasionado corazón respira
en el ambiente de las cumbres santas,
nuevo sol en los cielos de levante
prosigue el rumbo que le enseña el Dante.

ESCENA VII.

DICHOS y un PAJE.

PAJE   La hora se acerca y en la plaza
clama el pueblo por veros.

RIENZI   (Al Paje, que se va.)   Presuroso
voy a bajar, que todo se prepare.
(A María.) El acto es muy grandioso
y quiero que contemples a tu esposo
desde aqueste balcón. ¿Ves? (Se dirige al balcón.)

MARÍA   (Distraída y ap.)   (Oh! Dios mío,
ya tarda y desconfío.
¿Qué nueva trama fingirá el villano?)

RIENZI   (Volviéndose hacia María.)
No me escuchaste?

MARÍA   (Distraída.)   Sí.

RIENZI   (Tomándola de una mano.) Pero es desvío
el que me niegues tu querida mano!

MARÍA   (Volviendo en sí y con vehemencia.)
¡Desvío para ti, alma del alma!;
acaso tiemblo, y el temor insano…

RIENZI   (Con pasión.) Puede ofuscar tu corazón amante?

MARÍA   (Con vehemencia.)
No, Rienzi, no, jamás el alma mía
recibirá tu amor callada o fría.

85

ESCENA VIII.

LOS MISMOS, capitanes de la guardia del Capitolio, heraldos, pajes y escuderos: un heraldo toma el pendón emblemático del Tribuno y otros dos las banderas del otro trofeo. El que toma el pendón se coloca delante de todos, siempre en segundo término de escena.

PAJE   En el regio salón del Capitolio
                  el legado del Papa os espera.
                  El de Orsini en la plaza se aparece.

RIENZI   (Hablando consigo mismo.)
                  ¡Un sueño me parece!
                  Esa raza tan fiera
                  por fin a mis designios obedece.
                  (Dirigiéndose a María.)
                  La ceremonia es breve. Adiós, María;
                  con el santo laurel de esta victoria
                  se ceñirá la tumba de mi hermano,
                  viéndose en los anales de la historia
                  cómo se venga el que nació romano.
                  (Al dirigirse a la puerta se para delante de su estandarte y en un arranque de entusiasmo se dirige primero a él y luego a sus servidores.)
                  ¡Emblema sacrosanto, castísima paloma,
                  jamás he de olvidarte, lo juro por mi fe;
                  el nuevo sol anuncia la libertad en Roma,
                  y hundiendo los castillos su triunfo te daré.
                  *En las naciones todas y en los remotos
                                  [mares
                  *la fama de tu nombre volando llegará,
                  *los reyes y los pueblos te elevarán altares
                  *y al mundo estremecido tu luz asombrará.
                  (Dirigiéndose a cuantos hay en escena, los cuales durante estos versos dan señales de entusiasmo y admiración.)
                  *Por alcanzar justicia se eleva el pensamiento

*rasgando las tinieblas del hondo porvenir,
*la libertad se anuncia allá en el firmamento.
*¡Romanos, alcanzadla! y no temáis morir.
(Toma su estandarte.)
¡Protege mi destino, que sigan las edades
la senda de la vida, de tu reflejo en pos!
que brillen en los siglos del tiempo las
[verdades
como las quiere el hombre, como las guarda
[Dios.

(Rienzi sale con el estandarte en la mano, seguido de
todos, menos de María.)

EXCENA IX.

MARÍA sola.

MARÍA   (Sigue con la vista desde la puerta del fondo la marcha
de Rienzi y se acerca lentamente a la ventana, parándo-
se en medio de la escena para decir los primeros versos
del monólogo. Se refiere a Rienzi.)
Su espíritu del mundo separado
contempla al hombre con la luz del cielo.
¿Estará equivocado?
¡Tal vez la raza humana en su camino
no llegue a ver el resplandor divino!
(Acercándose a la ventana. Pausa.)
Ya la plebe se ciñe ante su paso
cual las nubes se alejan al ocaso
cuando el sol se presenta
entre las sombras mil de la tormenta. (Pausa.)
Un rayo de su lumbre le acaricia. (Se dirige al
sol.)

¡Soberano del cielo
que tornas en purísimas corrientes
los témpanos de hielo!
¡Oh, sol que como antorcha de los astros
prendes con hebras de oro mil zafiros!
tal vez se apagará tu lumbre hermosa
sin que pueda olvidar el alma mía
el venturoso día
en que me viste de mi amante esposa.
Momento por el cielo preparado!;
tú vivirás en mí como la yedra,
eterna compañera de la encina;
ídolo de mi amor, esposo mío,
jamás el alma llegará a perderte,
mil veces antes me daré la muerte.

(Este monólogo depende completamente de la actriz.)

ESCENA X.

MARÍA Y COLONNA, después JUANA. Colonna entra por
la puerta del fondo medio embozado en su manto y como agitado
y temeroso.

COLONNA   (Sin ver a María.)
Por fin llegué, cruzando los salones
entre pajes y heraldos confundido
pude pasar.

MARÍA   (Que sigue en la ventana viendo la ceremonia, no ha
sentido a Colonna.)
Le siguen cien legiones[37].

COLONNA   (No en balde tengo fama de atrevido.)

37. *legiones:* Cuerpo de la tropa romana con 6.000 hombres.

MARÍA   (Siente ruido, se vuelve y ve a Colonna.)
    ¿Quién llega aquí? (Al verle.)
    ¡Dios mío!

COLONNA   (Avanzando en medio de la escena.)
    Aquí me tienes.
    Mis gentes en mi casa preparadas
    para salir están; si me detienes,
    se acabará la fiesta a cuchilladas
    y morirá la plebe y el Tribuno.
    ¿Serás mía? Responde, el tiempo pasa.
    Rienzi en la plaza está, no falta uno
    de cuantos nobles hay.

MARÍA   Pero tu casa,
    acaso no es la última en la jura?

COLONNA   Sí, mas si no me ven, esa nobleza
    no ha de jurar.

MARÍA   No pienses tal locura.
    Orsini es tu enemigo declarado,
    y por causarte enojos juraría.

COLONNA   (Con cinismo.)
    Cuando surge un peligro inesperado
    nuestra raza se pone en armonía.
    Orsini hará lo que Colonna hiciere.
    (Se oye un toque de clarín.)
    Los clarines anuncian…

MARÍA   (Con desesperación.)   ¡Cielo santo!

COLONNA   (Con pasión y acercándose a ella.)
    ¿Tu amante corazón no me prefiere?[38]

MARÍA   (Con horror y alejándose.)
    Calle tu lengua, que me causa espanto.
    No me dijiste anoche que mi cuna…

---

38. [Nota de la autora] Suena una banda militar lejana; tocando una marcha durante unos momentos.

COLONNA	Tu padre fue un Colonna…
MARÍA	Cuál…
COLONNA	(Interrumpiéndola.) Su herencia recae en ti.
MARÍA	Pues bien…
COLONNA	(Interrumpiéndola.) Mas por fortuna yo sólo he descubierto tu existencia.
MARÍA	Quiero creer que es cierto lo que escucho; jura la ley y cedo mi derecho.
COLONNA	(Con cinismo.) Inútil sacrificio; fuera mucho si no estuviera el testamento hecho. Mi voluntad y mi conciencia sólo pueden darte tu nombre y tu riqueza.
MARÍA	(Con ira.) Hábil estás en la maldad y el dolo[39].
COLONNA	(Con tono de amenaza.) Que peligra de Rienzi la cabeza.
MARÍA	(Con espanto y vehemencia) ¡Oh Dios mío!… Pues bien, jura… y mañana… (Ap.) (Entre la muerte buscaré la vida.)
COLONNA	¿Quién me asegura tu palabra vana?
MARÍA	(Con espanto.) Pues qué pretendes, ¿di?
COLONNA	Comprometida por una carta…
MARÍA	(Con indignación) Tu conciencia humana es de un genio infernal digna guarida. (Se sienta junto a la mesa y toma la pluma) Dicta la carta, corazón maldito, y acaso te horrorice tu delito.

---

39. *dolo:* Engaño.

COLONNA	(Dictando.)
	"Dame mi herencia; de la estirpe mía
	"el nombre ilustre en la ciudad pregona,
	"que pueda yo ceñir feudal corona
	"y ven a por mi amor…"
MARÍA	(Con indignación.) ¡Qué vil!
COLONNA	(Dictando.) "María."
MARÍA	(Al concluir la carta oye rumor y se levanta.)
	(Se acerca a la ventana.)
	¡Oh cielos, qué rumor! la plaza entera
	entre gritos y vivas se estremece.
	(Al ver lo que pasa en la plaza.)
	¡Virgen santa!
COLONNA	(Acercándose a la ventana también por detrás de María.) ¿Qué es ello?
MARÍA	(Con entusiasmo.) Que aparece
	enfrente del Tribuno tu bandera.
COLONNA	(Con ira.) ¿Qué dices? ¡Maldición!
MARÍA	(Señalando con la mano hacia la plaza.)
	Sigue la mano;
	mira junto al altar una figura.
COLONNA	(Siguiendo la indicación de María y con indignación.)
	¡Esteban de Colonna!
MARÍA	(Con entusiasmo.) Sí, tu hermano,
	que al pie del ara[40] la obediencia jura.
COLONNA	(Separándose de la ventana.)
	Quién le pudo avisar, ¡suerte maldita!
MARÍA	(Sin volver la vista a Colonna y siempre junto a la ventana.)
	Pedro, tu estirpe cede dominada.
COLONNA	(Toma la carta escrita por María y se dirige hacia la puerta del fondo sin que María se aperciba de ello.)

40. *ara:* Altar en que se ofrecen sacrificios.

91

	(Ap.) (Pero al fin te perdiste, desgraciada, que tu deshonra me la llevo escrita.)
MARÍA	(Se separa de la ventana y ve que Colonna se ha ido.)
	Se fue como el leopardo perseguido.
	(Recuerda la carta y la busca sobre la mesa. Al ver que no está se siente poseída de terror. Este momento sólo la actriz puede interpretarlo.)
	Mi carta! ¡Oh Dios, mi carta se la lleva.
	(Llamando.)
	Juana, favor; ¡Colonna maldecido!
	esta carta de infamia es una prueba.
JUANA	(Entrando.) ¿Qué sucede?
MARÍA	(Con vehemencia.)
	Colonna, por ruin medio,
	una carta arrancóme: pronto, Juana,
	recóbrala por Dios o sin remedio
	sin honra alguna me veré mañana.
	(Indicando a Juana, que está dispuesta a salir, la puerta por donde se fue Colonna.)
	Por allí…
JUANA	(Va a salir y ve a Rienzi, que se supone entra en aquel momento en el salón anterior.)
	Rienzi llega.
MARÍA	(Con terror.) ¡Suerte impía!
JUANA	(Dirigiéndose a María la toma una mano.)
	Ten confianza en mí, juro salvarte,
	pero no estés aquí, vete, María.
	(La lleva hacia la puerta derecha.)
MARÍA	(En tono suplicante antes de salir de escena.)
	Juana, mi honor.
JUANA	Procura serenarte.
	(Sola, dirigiéndose a la puerta del fondo.)
	¿Quién pudiera esperar tal villanía?
RIENZI	(Desde dentro.)

Levantad en la Plaza mi estandarte
y sujetad al pie de sus borlones
de Orsini y de Colonna los pendones.

JUANA   No viene solo, no, rudo destino,
más tarde le hablaré. (Se va.)

ESCENA XI.

RIENZI; después un PAJE.

RIENZI   (Delante de la puerta y en el otro salón, se dirige a los
que se supone le vienen acompañando.)
                    Nobles romanos,
la libertad por fin nos hace hermanos.
No lo olvidéis, abierto está el camino.
(Entrando en escena solo.)
Corazón, ya cumpliste tu deseo,
ya vacila el poder de la nobleza
y la unidad de Italia en Roma empieza;
ya el porvenir sobre la patria veo.

PAJE   Señor, Pedro Colonna, dentro espera.

RIENZI   (Hablando consigo mismo.)
No tardó en acudir a mi llamada.
(Al Paje.) Que entre al punto.
(El paje se va.)
                         Veremos si esa
                         [fiera
para siempre la tengo dominada.

ESCENA XII.

PEDRO COLONNA Y RIENZI, después MARÍA.

COLONNA   (Entra por la puerta del fondo.)
A tu palacio, Rienzi, me has citado.

RIENZI	Y me complace que a la cita vienes.
COLONNA	¿Necesitas algún nuevo tratado?
RIENZI	Si a lenguaje más llano no te avienes
	bastante con lo dicho hemos hablado.
COLONNA	¡Qué hables de orgullo tú que tanto tienes!
RIENZI	(Con intención sarcástica.)

A barones de excelsa jerarquía
se les debe tratar con hidalguía.

COLONNA (Con impetuoso ademán.)

Dejémonos de sátiras y al hecho;
qué concesión, qué apoyo necesitas?

RIENZI (Acercándose a Colonna.)

Si tienes corazón dentro del pecho,
si me dejas hablar y no te irritas
consejo me darás sobre un derecho
que a preguntarte voy y así me evitas
que la mente orgullosa y ofuscada
sentencie con pasión o equivocada.

(Estos versos han de decirse con una gran intención.)

COLONNA (Se acerca a Rienzi, como si de mala gana y sólo por condescender, consintiera en oírle.)

No me honra mucho ser tu consejero.

RIENZI (Sin hacer caso de este insulto de Colonna, sigue en el mismo tono.)

Si algún villano, siervo de tu raza,
por odio, por venganza o por dinero
en ruin manejo y con artera traza[41]
te ultrajase en tu honor de caballero
en las lides de amor o de la plaza,
tu justicia feudal, dime, ¿qué haría
si descubierto fuese?

COLONNA (Con acento breve.)   ¡Le ahorcaría!

---

41. *artera traza:* Plan astuto.

RIENZI   (Dando un paso hacia atrás y cambiando de entona-
          ción.)
          Usando ese derecho, que es preciso,
          con severo rigor voy a tratarte,
          que la fortuna veleidosa quiso
          que tú mismo llegaras a juzgarte.
          Ya que fuiste tan claro y tan conciso,
          ¡Colonna! te diré que voy a ahorcarte,
          pues con maña infernal, traidor e impío,
          has querido ultrajar el nombre mío.

COLONNA   (Con tono insultante y ademán provocador.)
          Traidor me llamas y en traidor manejo
          relatando una historia que es mentida,
          traidoramente pides mi consejo...

RIENZI   (Interrumpiéndole y con vehemencia.)
          Mas sin traición te quitaré la vida.

COLONNA   (Con orgullo.)
          Pudiera suceder, si te la dejo;
          pero tenemos tu ambición medida,
          y si en lucha sangrienta se abalanza,
          el primero caerás en la matanza.

RIENZI   (Le enseña la carta que Juana le ha entregado, que
          como ya se sabe, es la que Colonna le escribió a María,
          amenazándola con la caída y muerte de Rienzi.)
          ¡Ves esta carta de tu mano escrita,
          cada infame renglón tu sangre clama!

COLONNA   (Mira la carta y disimula su impresión bajo un tono de
          desprecio.)
          Tu ambición mi cabeza necesita,
          y a una carta leal infame llama;
          ¡hallas acaso una ofensa en una cita...

RIENZI   (Con vehemencia.)
          Es villano imponérsela a una dama,
          diciéndola en lenguaje misterioso

que de no obedecer pierde a su esposo.

COLONNA   (Al escuchar las palabras de Rienzi cobra nueva osadía, pues supone que Rienzi ignora cuanto ha pasado entre María y él, y como la carta que le enseña no prueba nada, contesta a Rienzi con tono insultante.)

(Nada sabe por fin.) (Alto.) Basta, Tribuno;
esa carta fue mía, no lo niego;
pero no miro en ti derecho alguno
sobre mi estirpe, y sólo como juego
pude seguir tu diálogo importuno.
¿Te olvidas de quién soy, iluso y ciego?

RIENZI   (Con ironía y desprecio en los primeros versos, y después con indignación.)

Eres, si no me falta la cabeza,
un ilustre barón de la nobleza:
de esos que mira el pensamiento mío
como un castigo de la humana raza,
que debieran estar, no desvarío!
encerrados con grillos y mordaza.

(Movimiento de Colonna, que ante las palabras de Rienzi, da un paso hacia él, poniendo mano al puño de la espada.)

No te asombres; que al ver el poderío
que ostentáis en la guerra o en la caza,
pienso ver entre lanzas y bridones[42]
cuadrillas de asesinos y ladrones.

COLONNA   (Con violencia y sacando a medias la espada.)

¡Detén la lengua, Rienzi, que aún mi espada
puede cortar de un golpe tu destino!

RIENZI   (Interrumpiéndole y sin hacer caso de su furor, como si relatara los crímenes de los barones.)

¡La castísima Virgen profanada,

---

42. *bridones:* Caballo brioso.

robado el viajero en su camino,
sin honra el artesano en su morada,
vilmente asesinado el peregrino,
hechos son, que grabados en la historia,
cubrirán de baldón vuestra memoria!

COLONNA (Ciego de ira, mientras oye las palabras de Rienzi, busca frases con que herirle y le dice con encono.)

Pero en tanto, ese pueblo envilecido
ha de sufrir nuestra ferrada planta[43].
Si neciamente piensa que ha dormido
y en loco desvarío se levanta,
será para caer mudo y rendido,
con un nuevo dogal en su garganta;
que la suerte precisa del villano
tiene que ser de siervo o de tirano.

RIENZI (Siente la herida que le causan estas palabras y responde con vehemencia.)

¡No! ¡Vive Dios! salvarle yo pretendo
del yugo vergonzoso en que se halla,
por eso a vuestros planes no me vendo,
quiero ganar yo solo la batalla.

COLONNA (Gozándose en sus palabras.)

¡Tu cabeza sangrienta ya estoy viendo
digno trofeo de la ruin canalla!

RIENZI (Con arrebatador entusiasmo y cual si contestase a Colona.)

¡Con sangre por los mártires vertida
se escriben las conquistas de la vida!

COLONNA (En tono despreciativo.)

Entusiasmo furioso de heresiarca[44].

---

43. *ferrada planta:* Pie de hierro.
44. *heresiarca:* Jefe de una secta herética.

RIENZI   (Con ademanes sublimes.)
¡Fulgor divino de la luz del cielo
donde el poder de Dios su huella marca!
¡Él levanta mi espíritu del suelo!

COLONNA   (Con sarcasmo.)
¿Aprendiste esa cita del Petrarca?

RIENZI   (Con indignación y desprecio.)
¡Corazón de chacal y alma de hielo!
¡Qué sabes tú de Dios ni de la vida
si tienes la conciencia entumecida!

COLONNA   (En tono de burla.)
Y la tuya dormida en ambiciones,
la tuya cuyo fondo no concibo,
¿puede acaso elevarse a las regiones
donde reina la luz, villano altivo?

MARÍA   (Entra en escena por la primera puerta de la derecha, a
la que Rienzi da la espalda, oye las últimas dos palabras
de Colonna y se adelanta en medio de los dos, contestando a éste.)
Nunca fue Rienzi siervo de barones[45].

COLONNA   (A María, con tono protector.)
Como a loco le trato compasivo.

RIENZI   (Al escuchar la voz de María, se vuelve hacia ella ten-
diéndola sus brazos, que ella se apresura a estrechar.
—Con entereza, dirigiéndose a Colonna y sin separarse
de María.)
Cuanto dicen los sabios es locura,
y al fin se torna en la razón segura.

COLONNA   (Al ver a María en los brazos de Rienzi, siente el agui-
jón de los celos, y con ademán de rencor y de odio se
dirige a Rienzi.)
Traición no más te guarda entre sus brazos;

45. *barones:* Dignidad.

98

El Dr. Bonet (x), rector de la Universidad de Barcelona, dirigiéndose a los estudiantes para disuadirles de su actitud de protesta violenta contra el artículo de Rosario de Acuña, *La chanza de la Universidad,* noviembre, 1911.
(Foto *ABC*)

para lograr su verdadero nombre
vende su honor.

MARÍA   (Comprendiendo la intención de Colonna)

¡Jesús!

COLONNA   (Enseñando a Rienzi la carta que María escribió en una
de las anteriores escenas, y que como ya se sabe prueba
su complicidad con Colonna. De leer Rienzi esta carta,
María está perdida; ella lo cree así y se cubre el rostro
con las manos, horrorizada de la infamia de Colonna
que, sabiendo su inocencia, intenta deshonrarla.)

Mira sus lazos.

RIENZI   (Con un movimiento espontáneo y rápido se apodera de
la carta, y uniendo la acción a la palabra, la rompe sin
leerla.)

Indigno me creyera de ser hombre,
si no la desgarrara en mil pedazos.

MARÍA   (Levantando la cabeza y con un arranque de entusiasmo, dirigiéndose a Colonna.)

¡Y aún dudarás que al mundo no le asombre!
aprenda a conocer tu raza impía
donde están la virtud y la hidalguía!

RIENZI   (Coge de la mano a María, la separa del lado de Colonna, y poniéndose enfrente de él, le dice con ademán
altanero:)

Y basta ya por Dios; con dura mano,
comprenderéis mejor nuestras quimeras.
Vete de aquí, Colonna, y a tu hermano
dile que al ser de día mis banderas
guiadas por el pueblo soberano,
victoriosas por montes y laderas,
llevarán al confín de las naciones
mil cabezas sangrientas de barones.

COLONNA   (Viendo que al fin se decide Rienzi por la guerra, hace
un movimiento de alegría, como si viera conseguidos sus

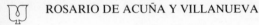
más grandes deseos, y apostrofa a Rienzi con energía.)
A la lucha, tirano maldecido,
no desistas ¡por Cristo! de esa guerra
que lanzará tu nombre escarnecido
hasta el último reino de la tierra.
A la plebe convoca, lo has querido;
no pienses, no, que el corazón se aterra;
que bastan a espantar la vil canalla
nuestros bravos corceles de batalla;
aún las almenas orlan los castillos
(Crece su entonación.)
y en las torres se ven nuestros pendones;
aún gimiendo resbalan los rastrillos;
aún diadema tenemos los barones.
Necesitáis para romper los grillos
cadáveres y ruinas a montones;
que ese pueblo provoque a la nobleza
y rodará su sangre y tu cabeza. (Se va.)

RIENZI   (Esforzando la voz.)
¡Pudiera ser, tu raza es homicida!

MARÍA   (Echándole los brazos al cuello.)
¿Dudarás si la fe que te he jurado
a ese infame traidor le fue vendida?

RIENZI   (Con pasión.)
¡Dudar de ti! ¿Del alma yo he dudado?

MARÍA   (Con pasión el primer verso, y dirigiéndose en el segundo hacia la puerta por donde salió Colonna.)
Pues a luchar hasta perder la vida.
¡Nobleza, la batalla ha comenzado!

RIENZI   (Con entusiasmo y en tono profético.)
Y acaso en los anales de mi historia
se levante el fulgor de la victoria.
Aún castillos tenéis; pero el cimiento
por el peso del tiempo socavado,

puede que se derrumbe en el momento
en que Rienzi se siente en el Senado.
¡Pueblo! libre serás, que el pensamiento
empieza a dominar sobre el pasado,
y en mil pedazos rotas tus cadenas
colgadas han de ser de las almenas.

(Se van juntos. Cae el telón.)

FIN DEL ACTO SEGUNDO

EPÍLOGO.
—

Gran salón del palacio del Capitolio.— A la derecha del espectador dos puertas; la de primer término conduce a las habitaciones de los esposos Rienzi, la otra a la sala del trono. A la izquierda del espectador, en primer término, una ventana, y en segundo una gran puerta que comunica con otros salones inmediatos al vestíbulo o entrada principal del palacio: en el fondo un gran balcón: este balcón ha de tener una balaustrada muy baja, que permita ver a los personajes del drama cuanto sucede en la plaza del Capitolio, se entiende sin salir de la escena; a los dos lados del balcón dos trofeos de armas[46] al alcance de la mano. En el de la derecha y sirviéndole de remate, el pendón azul, distintivo de Rienzi. Entre la última puerta de la derecha y el trofeo, una pequeña puerta secreta, cuya llave estará en una cajita sobre un mueble de la habitación. Toda la parte del fondo, comprendida entre el balcón y los bastidores de la derecha, tiene que estar dispuesta para derrumbarse en la última escena, dejando descubierto el pasillo o corredor a que da entrada la puerta secreta. Dicho pasillo ha de presentar en esta escena un montón de ruinas incendiadas, que sin embargo dé fácil entrada al actor que por ellas ha de salir. A un lado y otro de la puerta de la izquierda, dos grandes lámparas o candelabros de la época, los cuales han de estar encendidos durante todo el acto. Mesa y sitial a la izquierda. A la mitad del acto empieza el amanecer. El balcón del fondo cerrado con vidrieras de color. La ventana entornada.— Han pasado siete años desde el acto segundo.

46. [Nota de la autora] Entre los objetos del trofeo ha de haber una espada corta y un puñal, que se han de tomar después.

ESCENA PRIMERA.

RIENZI solo, después un CAPITÁN.

RIENZI   (Sale por la puerta de la derecha, primer término.)
De mí se aleja el sueño y en el alma
un recelo sin forma me atormenta
con la terrible calma
que suele preceder a la tormenta. (Pausa.)
¿Qué sucede? ¿por qué mi pensamiento
recordando el ayer triste y sombrío
se pierde en el vacío,
y al pensar en mañana
lucha angustioso entre la sombra vana?
(Acercándose a la ventana y abriéndola.)
Aún es de noche y en el sueño duerme
la eterna Roma.
(Separándose de ventana.)
          ¡Oh Dios! el alma mía
¡ya de todo en el mundo desconfía!

CAPITÁN   (Llamando a la puerta.)
Señor, señor.

RIENZI   ¿Quién llama?

CAPITÁN   ¿Dais permiso?

RIENZI   Entra: ¿qué quieres?

CAPITÁN   (Entrando, pero en el último término y aparte.)
(¡Oh!… no está en el lecho.)
(Alto.) Capitán de la guardia de palacio,
de lo que ocurre preveniros debo.

RIENZI   (Sentándose y casi distraído.)
¿Pues qué pasa?

CAPITÁN   (Acercándose.) Cumpliendo su mandato
ayer se publicaron los impuestos,
y en las calles y plazas se enclavaron
antes que el sol abandonase el cielo;
el pueblo recibiólos murmurando.

RIENZI   Siempre lo mismo los recibe el pueblo.

CAPITÁN   Pero aquí no paró, cuando la ronda
fue las calles de Roma recorriendo,
desde algunas ventanas y callejas
con palabras, insultos se la hicieron
y halló sobre los bandos de las leyes
pasquines licenciosos e indiscretos.

RIENZI   (Con desprecio.)
Que pague las gabelas[47] toda Roma
y que se vengue con pasquines luego.

CAPITÁN   (Ap.) (Tal vez en tu cabeza ha de vengarse.)

RIENZI   ¿Qué murmuras?

CAPITÁN   (Alto.)   Señor, que pasa el tiempo
y aún no pude deciros lo que ocurre.

RIENZI   Prosigue tu relato.

CAPITÁN   No comprendo
el cómo pudo hacerse; pero el caso
es que los nobles juntos con el pueblo
se apiñan en formada muchedumbre
del hondo Tíber en el lado opuesto,
según un parte que leal soldado
me acaba de traer hace un momento.

RIENZI   (Levantándose.)
¿Qué dices? ¡Miserables!

CAPITÁN   Cierto es todo,
que subí a la atalaya y desde lejos
entre las vagas sombras de la noche

---

47. *gabelas:* Tributo, impuesto, contribución.

por la aurora teñidas, logré verlo;
a más de esto se miran en la plaza
varios grupos que rompen el silencio
con algun sordo y continuado *muera*
o con voces de abajo los impuestos;
qué me mandais hacer?

RIENZI   ¿Pero esa gente
ignora que el pontífice Inocencio,
gobernador de la ciudad de Roma
hace tres meses me nombró? No acierto
cómo se atreven a arrostrar las iras
de aquel que tiene a su favor el cielo.

CAPITÁN   Esa contribución de las gabelas…

RIENZI   Capitán, las gabelas son pretexto;
la mano de Colonnas y de Orsinis
a través del tumulto bien la veo.
Si hace siete años los barones todos,
según mi voluntad hubieran muerto,
vieras tranquila la ciudad de Roma
y obediente a la ley todo mi pueblo.
La plebe, acostumbrada al servilismo,
no me quiso seguir, y aquel remedio,
que aunque duro de raíz cortaba
los males que sufrimos hace tiempo,
hoy es inútil ya, pues la nobleza
empieza a levantar su antiguo fuero.

CAPITÁN   Tal vez os quieran infundir espanto.

RIENZI   (Con vehemencia.)
¡No lo conseguirán, viven los cielos,
que si una vez con infernales tramas
por su mal y mi mal lo consiguieron,
a los hombres que rigen las naciones
la adversidad les sirve de maestro!
El Capitolio es fuerte, y yo te juro

107

que si de Roma salgo será muerto.

CAPITÁN   ¿Y qué ordenáis hacer?

RIENZI   Dobla la guardia;
que alcen los puentes, y si grita el pueblo,
de los muros del alto Capitolio
baje la muerte a detener su aliento.

CAPITÁN   Pero en tanto se salen con la suya
y no podrán cobrarse los impuestos.

RIENZI   Sí que se cobrarán, mañana mismo.

CAPITÁN   Pues os juro no acierto por qué medio.

RIENZI   Obedece mis órdenes y calla.

CAPITÁN   Perdonadme, señor, mas lo que pienso
es que fuera mejor salgáis al punto.
Aún el sol no lució, y en breve tiempo,
sin que el pueblo supiese vuestra fuga,
pudierais consultar con Inocencio.

RIENZI   (Con acento pausado.)
Mentira me parece que te escucho,
que es algo ruin y pobre tu consejo.
(Con vehemencia.)
Estás oyendo de mi propio labio
que de salir de Roma seré muerto,
y quieres que me escape como loco
por un motín sin forma y pasajero.

CAPITÁN   (Con humildad.)
Soy de los vuestros y salvaros quise.
(Con desprecio y aparte.)
(Cumplí con mi deber, habrá uno menos)

RIENZI   (En tono de reproche.)
Siempre los míos mal me aconsejaron;
con todo, Capitán, te lo agradezco:
retírate y cumple mi mandato.

CAPITÁN   (Ap. y antes de salir, junto a la puerta, ínterin Rienzi se
             acerca a la ventana,)

(Tu mandato, sí, sí; pasó aquel tiempo
en que Roma al Tribuno obedecía;
eres un pobre vanidoso y ciego,
no ves que la sentencia de tu muerte
la firma la nobleza con el pueblo!)
(Empieza a amanecer. Se va.)

ESCENA II.

RIENZI solo.

Este monólogo depende del actor.

RIENZI   Siete años hace ya que el pensamiento
soñó la libertad para mi patria.
¡Cuántas penas y cuánto sufrimiento!
Errante y sin destino
en las selvas inmensas
del agreste Apenino,
proscrito, excomulgado,
en sombrío castillo encarcelado,
apuré hasta las heces la amargura.
¡Y aún necesita más la suerte dura!
¡Oh! libertad, fantasma de la vida,
astro de amor a la ambición humana
el hombre en su delirio te engalana,
pero nunca te encuentra agradecida.
Despierta alguna vez, siempre dormida
cruzas la tierra, como sombra vana;
se te busca en el hoy para el mañana,
viene el mañana y se te ve perdida.
Cámbiase el niño en el mancebo fuerte
y piensa que te ve ¡triste quimera!
Con la esperanza de llegar a verte

109

ruedan los años sobre la ancha esfera
y en el último trance de la muerte,
aún nos dice tu voz, ¡espera, espera!
Sueño no más del alma apasionada
fue que yo te buscase;
esa plebe obcecada
jamás alzará el vuelo
a la región de la verdad eterna.
Yo ambicioné elevarla y mi delirio
puede que pague con atroz martirio.

ESCENA III.

RIENZI, JUANA.

JUANA   (Entra precipitadamente por la puerta de la derecha,
            segundo término. Con acento breve y con agitación.)
         ¡Señor!...

RIENZI   ¿Qué ocurre?

JUANA   Desde el alto muro
donde observaba atenta y vigilante,
del sol naciente al resplandor seguro,
vi un jinete seguido de un infante;
a mi vista, el rencor le presta rayos,
y aunque lejano al grupo le veía
entre las armas y flotantes rayos
a Pedro de Colonna conocía.
Ávida le seguí con la mirada
cruza los muros de la eterna Roma,
a buen paso penetra en la calzada
y en derechura al Capitolio toma;
avanzando mi cuerpo entre la almena
observé que bajaban el rastrillo

110

y vio mi corazón con honda pena
que el traidor penetraba en el castillo.
Breves minutos pasan; mi deseo
en el alto del muro me enclavaba,
seguí mirando y con espanto veo
que la guardia el palacio abandonaba.

RIENZI   (Con espanto.)
Qué dices, Juana. ¡Oh Dios, traición
                              [funesta!...

JUANA   Todos, señor, en pos de ese villano
en silencio marchaban por la cuesta;
al verles renegué de que mi mano
no pudiese coger una ballesta.
(Con vehemencia.)
De tenerla a mi alcance ¡por mi suerte!
que muchos conocieran a la muerte.

RIENZI   (Consigo mismo.)
El Capitolio solo, abandonado...
(Se dirige a Juana.)
¿Y el puente?

JUANA   Presentando ancho camino.

RIENZI   (Consigo mismo.)
¡Y el pueblo por los nobles sobornado!
¡Terrible se levanta mi destino!
(A Juana.)
Juana, ¿serás leal?

JUANA   (Con vehemencia.) Pide mi vida.
No sé el plan del infame, pero creo
que su intención perversa y atrevida,
esa intención formada en un deseo,
ya no puede saciarse en mi caída;
mi sentencia de muerte la preveo,
y aunque el alma valiente no se aterra,
¡mi corazón al fin es de la tierra!

111

JUANA   (Con tristeza.)
            ¿Te horroriza morir?

RIENZI   (En tono de reproche.) Cállate, Juana;
            si de mi vida sólo dependiera,
            a cien muertes seguidas no temiera.
            ¡La eternidad se encuentra en el mañana!
            Yo no tiemblo por mí, pero María,
            ídolo de un amor grande y profundo,
            no me puede seguir en mi agonía,
            la tengo que dejar sola en el mundo.
            Ella y mi hijo…

JUANA   (Con vehemencia.) Rienzi, en mí confía;
            mi cariño sin nombre y sin segundo
            te llevará dos mártires al cielo
            si no hallasen la paz sobre este suelo.
            Tu hijo en Aviñón vive seguro
            ignorando esta vida desastrosa;
            nada temas por él, salva a tu esposa
            y cumpliré leal lo que te juro.

RIENZI   (Con cariño a Juana.)
            ¡Noble mujer!

JUANA   El tiempo se apresura;
            el palacio indefenso, el pueblo altivo,
            hacen temer precisa desventura.

RIENZI   (Durante las últimas palabras de Juana, se ha dirigido a
            un trofeo, ciñéndose precipitadamente la espada.)
            Y por eso a la lucha me apercibo.

JUANA   (Con asombro.)
            ¿Y pretendes seguir en tu locura?
            Aún es tiempo de huir.

RIENZI   (Con indignación,)   ¡Yo fugitivo!
            ¡Calle tu lengua!

JUANA   (Con pena.)   ¡Oh Dios! funesto alarde!

RIENZI   (Con altivez.)

Loco pudiera ser, mas no cobarde.
Escúchame en silencio y no caviles
en torcer mi intención, que vano fuera;
llama a los pajes y en mi nombre diles
que cierren el portón de la barrera.
(Dirigiéndose con el ademán hacia el balcón.)
Si ellos tienen las armas de los viles,
yo tengo la defensa de la fiera.
Para llegar a profanar mi solio
(Dirigiéndose con el ademán hacia la puerta).
en escombros verán el Capitolio.

JUANA   Y qué intentas hacer ¿cuál es tu idea?

RIENZI   Que el pueblo no penetre en el palacio,
que me dé tiempo, y pensaré despacio
cómo he de prepararme a la pelea.

JUANA   ¿Y María?

RIENZI   Después; cumple el mandato
y te diré los medios de salvarla.

JUANA   ¿De aqueste sitio lograrás sacarla?

RIENZI   Yo te juro que sí.

JUANA   Bien. (Ap.) (¡Insensato!)
(Se va por la izquierda.)

ESCENA IV.

RIENZI solo, después JUANA.

RIENZI   Hablaré al pueblo; sí, siempre me escucha.
(Pausa.)
Si no me oyera... entonces a la lucha. (Pausa.)
Mañana el santo Padre
ha de mandarme lanzas y dinero:
fue imprevisión la mía

113

publicar el impuesto en este día!
¡Espíritu del alma, no me dejes!
(Se acerca a la puerta por donde salió y mira el interior
de la estancia.)
Tranquila duerme, sí, pobre María.

JUANA   (Entra apresurada y cierra la puerta por donde entró,
que es la de la izquierda.)

RIENZI   Tan pronto ya de vuelta, qué sucede?

JUANA   (Con breve acento.)
Que el palacio se encuentra abandonado.
Que no hay un paje, y que tu pueblo puede
penetrar hasta aquí.

RIENZI   (Con desesperación.)
¡Ah, desgraciado!

JUANA   Del Capitolio en la inmediata plaza,
todos los miserables reunidos,
se agitan entre gritos de amenazas,
como lobos por hambre enfurecidos.
(Desde esta escena hasta la conclusión del acto, no deja
de oírse un murmullo sordo, como producido por gritos
y voces lejanas. Este murmullo es débil o fuerte, según
lo necesitan las situaciones de los personajes. El murmullo en esta escena es débil.)
Huye, Rienzi, aún es tiempo, y si no quieres,
pronto, ¡salva a María!

RIENZI   (Entre el temor y el amor propio.)
                Por mi nombre,
que es la mayor desgracia para el hombre
luchar entre las débiles mujeres.
¡Que tiemblo juraría!

JUANA   (Con mesura.)   Vano fuera
imaginar que el hombre no temblará
ante un pueblo sin freno ni barrera.
Azota el viento en el inmenso Sahara

114

y tiembla huyendo la indomable fiera.
(Se oye más vivo el rumor.)
¿Escuchas el rumor de la algazara?

RIENZI   (Haciendo un movimiento de horror.)
Lo escuché y con horror a pesar mío
siento en mis venas circular el frío.

JUANA   (Con insistencia.)
Abandona tu empresa, y de tu vida
cuídate nada más.

RIENZI   (Transición desde el terror al heroísmo.)
           Calla, insensata;
tras el fiero huracán que se desata
aparece la tierra más florida.
Luchando moriré. ¿Sabes por suerte
el paso abierto sobre el ancho muro?

JUANA   Sí, le conozco bien, y te aseguro
que él tan sólo te salva de la muerte.

RIENZI   (Con resolución.)
De aquí no he de moverme; tú le sigues:
sales por él de Roma presurosa
y en la quinta de Flavio te apercibes
preparando la fuga de mi esposa.
Flavio es amigo fiel, cuanto le pidas
te dará, y a Aviñón[48] marcha al instante,
y de Inocencio cuarto[49] protegidas,
me podéis esperar muerto o triunfante.
(Se dirige a la caja, saca la llave de la puerta y la abre,
dejándola en la cerradura.)

---

48. *Aviñón:* Esta ciudad francesa a orillas del Ródano fue comprada en
1348 por Clemente VI a la casa de Provenza y perteneció a la Iglesia hasta
1791.
49. Es un error pues entre 1352 y 1362 fue Inocencio VI quien residió en
Aviñon.

JUANA   ¿Me seguirá? (Con tono desconfiado.)

RIENZI   Que sí, te lo he jurado;
en el momento que hable con María
saldrá por la revuelta galería
y en breve tiempo la tendrás al lado.
(Llevando a Juana hacia la puerta.)
Pronto, precédela, que al pueblo escucho
enfurecido.

JUANA   (Primero alto y luego aparte, antes de salir por la puerta
secreta.)
         Adiós y quiera el cielo
que puedas ver cumplido tu desvelo.
(Por ella volveré si tarda mucho.)
(Se va entornando la puerta.)

ESCENA V.

RIENZI solo, despúes MARÍA.

RIENZI   ¡Solo¡, ¡solo! ¡Dios mío, qué locura! (Pausa.)
¡Bruto! ¡Catón! ¡qué horror! ¡Oh, cielo santo!
¡ten compasión de mí! ¡se me figura
que estoy vertiendo lágrimas de espanto!

MARÍA   (Con traje blanco y como si acabase de despertar, entra
por la puerta derecha, primer término; al ver a Rienzi,
con agitación y vehemencia.)
¡Oh Dios mío! al fin te vi.

RIENZI   (Abrazándola y procurando ocultar su emoción.)
¿Qué tienes?

MARÍA   Terror profundo.
Entre sueños te perdí
y encuentro desierto el mundo
cuando le veo sin ti.

RIENZI   (Con pasión.)
            Serénate, vida mía.

MARÍA   ¡Oh qué terrible agonía,
            qué espantosa realidad!
            ¡Si mi sueño parecía
            imagen de la verdad!
            Sobre el mar ruda tormenta
            (Relatando.)
            el huracán levantaba,
            triste noche se acercaba
            y aquella mar violenta
            contra una roca chocaba.
            En ella, inmóvil, aislado,
            con un resplandor divino
            sobre tu frente grabado,
            estabas tú abandonado
            de los hombres y el destino.
            En una tabla ligera
            y luchando con el mar,
            quise tu vida salvar
            y gritaba: ¡Rienzi, espera,
            que ya no tardo en llegar!
            Un minuto se sucede;
            vacila tu noble planta
            que sostenerse no puede,
            la roca hundiéndose cede,
            y el mar sus olas levanta.
            ¡Espera, te salvaré!,
            en mi frenesí gritaba;
            con rudo esfuerzo llegué,
            pero ya no te encontré
            porque el mar te arrebataba.

RIENZI   (Abrazándola.)
            Delirios del pensamiento.

MARÍA   Acaso mi corazón
pudo turbarse un momento,
pero a tan viva ilusión
la llamo presentimiento.
Entre el cierzo que gemía
vibró una voz que decía:
"¡Rienzi, sucumbe al destino,
"que está muy lejano el día
"y muy oscuro el camino!
"¡Sé mártir, la eternidad
"en pos de la muerte espera,
"y en los siglos de otra edad
"verás como fue quimera
"en el hoy, la libertad!"
Aquesto escuché y creí
que la mar embravecida,
era la plebe homicida
y el Capitolio le vi
en aquella roca hundida!

(Durante estos últimos versos el rumor se deja oír con más claridad. Una voz fuera, algo lejana.)

VOZ   *(Dentro.)* Muera el Tribuno, muera…

MARÍA   *(Con horror.)*   ¡Cielo santo!
¿No escuchaste esa voz? ¡yo desvarío;
era cierto mi sueño, sí, Dios mío!
Sálvate por favor.

RIENZI   *(Procurando serenarla.)* Calma tu llanto;
las gabelas, impuesto que es forzoso,
a pagarlas el pueblo se resiste,
y el grito de algún pobre revoltoso
es el vago rumor que fuera oíste.

MARÍA   *(Con vehemencia.)*
No, Rienzi, sálvate, que el alma mía
no puede equivocarse.

118

RIENZI	¡Te engañara
	siendo cierto el peligro! No, María.
MARÍA	Pues retira el impuesto.
RIENZI	¿Qué probara
	con esa acción? temor y no le tengo.
MARÍA	(Reparando que Rienzi está armado.)
	Y armado estás, ¡oh Dios! tiembla mi mano.
RIENZI	(Procurando disimular su turbación.)
	Para arengar al pueblo me prevengo.
MARÍA	(Con vehemencia.)
	Y aún me quieres decir que tenga calma.
RIENZI	(Con vehemencia y energía.)
	Basta, por Dios; tu mujeril flaqueza
	puede entibiar mi fe.
VOZ	(Dentro, lejos.) ¡Muera el tirano!
RIENZI	Dejarás el palacio con presteza
	y a Juana seguirás.
MARÍA	(Con exaltación marcadísima.) ¡Dios soberano!
	Dejarte yo, ¡jamás! ¡muerta primero!
	Ningún poder habrá, no, no, ninguno
	que de ti me separe; el mundo entero
	nada pudiera hacer...
UNA VOZ	(Dentro, pero lejos.) ¡Muera el Tribuno!
MARÍA	Contigo he de morir o he de salvarte.
	A ese pueblo furioso no le temo;
	si lleva sus locuras al extremo
	que venga de mis brazos a arrancarte.
RIENZI	(Desprendiéndose de los brazos de María.)
	Ese pueblo se rinde con mi acento;
	si te miro a mi lado nada digo,
	porque tiembla mi amante pensamiento
	cuando te siento caminar conmigo.
	Huye de aquí, por Dios, sólo un momento,
	y si el hado se torna mi enemigo,

119

te juro que al brillar el nuevo día
sólo tuyo he de ser, esposa mía.

MARÍA ¡Tu corazón luchó noble y valiente,
qué más puedes querer! Sígueme.

VOZ (Dentro.) ¡Muera!

MARÍA ¿No escuchaste el delirio de esa gente?
abandona, por Dios, tanta quimera,
conmigo sálvate.

RIENZI Más tarde; ahora
cumple mi voluntad y en mí confía.
¿Te olvidaste del hijo que te adora?
¡En nombre de su amor, huye, María!

MARÍA (Convencida por las instancias de Rienzi, se decide a
huir, pero no sin demostrar una gran violencia en esta
resolución.)
¡Dejarte yo!

RIENZI (Llevándola a la puerta casi a la fuerza.)
Por Dios, que el tiempo pasa.

MARÍA (Ya en el dintel de la puerta y echando los brazos a su
cuello.)
¿Me seguirás, lo juras?

RIENZI (Procurando dominar su pena.) Sí, bien mío;
Juana te espera. (Ap.) (El alma se me abrasa;
de contener mi pena desconfío.)

MARÍA ¡Adiós!

RIENZI (Con pasión.) ¡María!

MARÍA (Ya en la galería.) ¡Adiós! (Se va y cierra.)

RIENZI (Que se queda delante de la puerta.)
Tiemblo perderte
y se estremece el corazón de espanto.
(Con vehemencia y terror.)
¡Qué terrible momento el de la muerte!
(Transición del horror a la pena.)
¡Perdón! ¡Señor! ¡perdón! ¡la quiero tanto!

120

UNA VOZ   (Dentro, lejana.)
              Viva Colonna, ¡viva!

RIENZI   (Con desesperación.)
              ¡Aciaga suerte!
              Basta ya, corazón; recoge el llanto
              y no borres jamás de la memoria
              que me contempla el mundo de la historia.
              (Se dirige hacia el balcón del fondo y entreabre una de
              las vidrieras, poniéndose a mirar hacia la plaza y dando
              la espalda a la puerta secreta por donde salió María; el
              rumor crece.)
              ¡Qué imponente es la plebe reunida!
              (María abre con precaución la puerta secreta, sale a es-
              cena y se va por la puerta derecha del primer término,
              diciendo antes:)

MARÍA   Le esperaré hasta el último momento.
              (Durante este breve tiempo Rienzi de espaldas no ha
              visto nada; pero se supone que oye algún ligero rumor
              hacia la puerta, porque se vuelve rápidamente, y vién-
              dola a medio cerrar, se dirige hacia ella y como refirién-
              dose a María.)

RIENZI   ¡Si volviese otra vez! No, por mi vida;
              si escucho el eco de su amante acento
              de todo el alma por mi mal se olvida,
              (Llega a la puerta, la cierra, da dos vueltas a la llave y se
              dirige hacia la ventana.)
              que su amor le domina al pensamiento.
              (Tira la llave por la ventana.)
              Ahora a vencer o a conquistar la palma.
              (Toma su estandarte y abre el balcón del fondo. En tal
              momento, el rumor y los gritos del pueblo se oyen muy
              cercanos, pero siempre viniendo de abajo.)
              Cállese el corazón y empiece el alma.

UNA VOZ   ¡Viva Colonna! ¡abajo los tiranos!

RIENZI   (Con el pendón en la mano y de la parte de afuera del
              balcón, intenta arengar al pueblo, pero no lo puede con-
              seguir, porque interrumpen sus palabras con gritos y
              con voces.)
              ¡Pueblo ilustre!
VARIAS VOCES   ¡No! ¡no!
OTRAS   ¡Rienzi!
UNA VOZ   A la hoguera!
OTRA   ¡Viva Orsini!
OTRAS   ¡La hoguera!
RIENZI   Los romanos
              nunca fueron indignos…
VARIAS VOCES   ¡Muera!
OTRA   ¡Muera!
RIENZI   (A pocos pasos del balcón y convencido de que sus esfuer-
              zos son inútiles para arengar al pueblo.)
              ¡Qué mal te hice, pueblo desgraciado!
              ¡Levantarte del polvo y la vileza!
              ¿Por qué me dejas solo, abandonado,
              y te vendes traidor a la nobleza?
              (Dirigiéndose con los ademanes al pueblo.)
              Tu castigo le tienes preparado:
              mientras goces cortando mi cabeza,
              te ceñirán tus olvidados yugos
              esa raza de tigres y verdugos.
              Te los mereces, sí; ¡vano delirio
              enseñarle la luz al pobre ciego!
              ¡Ojalá que mi sangre y mi martirio
              puedan servirte de fecundo riego!
              ¡Ojalá que en los siglos venideros
              te arranquen de las sombras en que vives
              y puedas conquistar los libres fueros
              que en el hoy ignorante, ni concibes.
              (Avanza más al centro de la escena y cambia el tono de

122

queja y amargura por uno profético y de entusiasmo, diri-
giendo la vista al cielo.)

¡Inmenso resplandor, lumbre brillante,
reflejo de una luz santificada!
¡libertad que soñé, marcha triunfante
mientras duermo en los reinos de la nada!
Despierta en las regiones de la historia
cuando domine la razón al hombre,
y si no se ha perdido mi memoria
que no se olviden de mi oscuro nombre.

(Uniendo la acción a la palabra, toma el estandarte con
ambas manos, rompe el asta, y haciendo con la tela una
especie de tea, lo prende en una de las lámparas, dirigiéndose hacia la segunda puerta de la derecha del espectador.)

¡Emblema ilustre de mi fe perdida,
cual escarnio de Roma no he de verte!
sigue el destino de mi triste vida,
y si acaso me brinda con la muerte,
abrasando las gradas de mi solio
sálvate de la plebe y sus maldades.

(Sale por la puerta, y durante un instante queda la escena
sola. Vuelve sin el estandarte.)

¡Ruinas del imponente Capitolio
servidle de sepulcro en las edades!

(Se va precipitadamente por la puerta de la izquierda.)

ESCENA VI.

MARÍA, después JUANA, luego PEDRO COLONNA y pueblo.

MARÍA   (Sale sobrecogida y horrorizada. Este monólogo depende
             en un todo de la actriz, que puede elevarlo hasta la subli-
             midad.)

123

¡Oh Dios mío! ¡qué horror, tiemblo de espanto!

(Pausa breve.) El pueblo enfurecido no le escucha;

¡tengo mi corazón yerto de frío!
¡Alma que alientas en el pecho mío!
apresta tu poder para la lucha!

(Pausa breve.)

¡Qué intentará! ¡no, no! voy a salvarte,
la fuerza de mi amor me dará aliento
¡yo sabré de sus manos arrancarte!

(Da un paso hacia el fondo de la escena.)

¡Pero si ha huido!...

(Con horror y mirando a todos lados.)

¡Oh! yo estoy perdida.

(Transición desde el horror al heroísmo.)

Toma, Señor, mi vida por su vida.

(Dirigiéndose rápidamente hacia la puerta, llama con gritos a Rienzi, pero al cruzar por delante del balcón se detiene horrorizada porque ha visto al pueblo cortando la cabeza a su esposo. Llamando.)

¡Rienzi! ¡Rienzi!... Jesús, ¿que es lo que veo?
¡La cabeza de Rienzi ensangrentada!

(Pausa breve y después transición de la pena a la ira. Dirigiéndose con el ademán al balcón.)

¡Maldito seas, pueblo fratricida,
raza indigna, de Dios abandonada,
cada gota de sangre de su vida
con sangre tuya correrá mezclada!

(Queda anonadada por la desesperación hasta que oye la voz de Colonna.)

COLONNA   (Que viene por los salones de la izquierda, seguido del pueblo, grita desde lejos.)

María, ven, mi corazón te espera.

124

MARÍA   (Súbitamente se rehace de su desesperación, irguiéndose con sublime arranque dice:)

¿Aún necesitas más, hambrienta fiera?
pues recoge mi cuerpo inanimado.

(Uniendo la acción a la palabra se dirige a uno de los trofeos, toma un puñal y se lo hunde en el pecho. Al caer se acuerda de su hijo, se arranca el puñal de la herida, pero al arrancárselo, cae muerta.)

¡Alma! busca a tu amor,
                     (Se hiere) ¡hijo!… ya es tarde!

(Cae próxima a la puerta secreta. En el mismo momento de caer, el incendio que durante esta última parte de la escena ha ido en aumento, hace que se derrumbe la parte comprendida entre el telón de fondo y los primeros bastidores, dejando descubierta la galería secreta. Por ella aparece Juana llamando a María. Entra en escena, y al ver a María queda parada.)

JUANA   ¡María! ¡muerta! y Rienzi, (Mira al balcón.), ¡asesinado!

(Con acento sublime y poseída de la desesperación, dirigiéndose al pueblo, cuyos gritos se unen al rumor del incendio, cada vez más vivo.)

¡Pueblo cruel! ¡Pantera libertada!

(Se dirige al cuerpo de María, se arrodilla y la coge.)

¡Yo salvaré tu cuerpo idolatrado!

COLONNA   (Ya inmediato a la escena, entra en ella al terminar las últimas palabras del siguiente verso.)

¡La muerte elegirás si no me amas!

JUANA   (Al oír la voz de Colonna ha tomado el cuerpo de María en sus brazos. Al entrar Colonna en escena, le dice desde el mismo dintel de la galería:)

¡Búscanos a las dos entre las llamas!

(Cae el telón a tiempo que un grupo del pueblo con antorchas entra detrás de Colonna. La actitud de los personajes es la siguiente: Juana con María en los brazos en el dintel de la puerta de la galería. Colonna en medio de la escena inmóvil y mirando espantado el grupo de Juana y María. Detrás de él varios hombres del pueblo con antorchas encendidas e inmóviles y espantados. Todo iluminado por el incendio, cada vez más grande durante esta última escena.)

FIN DEL DRAMA

Madrid 13 de diciembre de 1875.

NOTAS DE ROSARIO DE ACUÑA

En el acto 1.º, escena 4.ª, página 13.
Después del verso:

> "las canas que adornaban su cabeza!"

Debe incluirse el siguiente:

> "Al casarme, su herencia me legaron";

El verso inmediato debe comenzar con *d* minúscula.

En el epílogo, escena 2.ª, pág. 62.
Después del verso:

> "en sombrío castillo encarcelado",

Deben incluirse los dos siguientes:

> "escarnio de los nobles
> y del ingrato pueblo abandonado",

Si por circunstancias especiales de las empresas, como ha sucedido en Madrid, no pudiera disponerse la decoración del tercer acto con la mutación que se indica, el final del mismo puede sustituirse de la siguiente manera: la actriz Juana, debe entrar en escena por la puerta secreta, rompiéndola con un hacha, toda vez que la puerta estará practicable en la decoración, y no hay necesidad de derrumbamiento.

Todos los versos que llevan un asterisco al margen pueden suprimirse en la representación.

127

EL PADRE JUAN

DRAMA EN TRES ACTOS Y EN PROSA

PERSONAJES IMPORTANTES

ISABEL DE MORGOVEJO, *de 26 años.*
DOÑA MARÍA DE NORIEGA, *de 46 id.*
CONSUELO, *de 28 id.*
DOÑA BRAULIA, *de 50 id.*
RAMÓN DE MONFORTE, *de 28 id.*
LUIS BRAVO, *de 25 id.*
DIEGO, *de 27 id.*
DON PEDRO DE MORGOVEJO, *de 60 id.*
TÍA ROSA, *de 60 id.*

PERSONAJES SECUNDARIOS

SUÁREZ, *arquitecto.*
GUARDA.
JUANA, *aldeana joven.*
DIONISIA, *id.*
PEPA, *id.*
MANUEL, *aldeano joven.*

131

ROQUE, *id.*

JUSTO, *id.*

EL PADRE JUAN, *fraile de la Orden de San Francisco.*[1]

Hombres, mujeres, y chiquillos del pueblo. Varias voces, dos caballos, dos terneras y un asno

La acción pasa en Asturias en la época actual

Atrezo y vestuario, lo más característico de las montañas de Asturias, comprendidas entre las *Peñas de Europa* y *Covadonga.*

1. Este personaje no habla, pero su figura ha de tener carácter.

Dedicatoria

Padre mío: Llegó el momento en que, vencida la imponente ascensión, mis arterias golpeaban con *ciento veinte pulsaciones* por minuto. A nuestras plantas se extendía un océano de montañas, cuyas crestas, como olas petrificadas, se levantaban en escalas monstruosas a 1.000 y 1.500 metros sobre el nivel del mar. Al sur, las dilatadas estepas de Castilla, con sus desolados horizontes de desierto, iban perdiéndose en límites de sesenta leguas, entre un cielo caliginoso, henchido de limbos de oro y destellos de incendio. Al norte, un inmenso telón límpido, azul, como tapiz compacto tejido con amontonados zafiros, se destacaba, lleno de magnificencias, intentando con la grandeza de su extensión subir hasta las alturas: era el mar. A mi lado había un ser valeroso, cuya respetuosa amistad, llena de abnegaciones y de fidelidades, había querido compartir conmigo los peligros y vicisitudes de cinco meses de expedición a caballo y a pie por lo más abrupto del Pirineo Cantábrico. Estábamos sobre la misma cumbre, en el remate mismo de la crestería de piedra con que se yergue, como atleta no vencido, *El Evangelista*, uno de los colosos de la cordillera *Las Peñas de Euro-*

133

pa, coloso que levanta sus pedrizas enormes, sus abismos inmedibles, sus ventisqueros henchidos de cientos de toneladas de nieve a *2.600 metros* sobre el nivel del mar.

Sentíamos la felicidad de aquella elevación espantable, y el arriesgado propósito que teníamos de pasar la noche sobre aquellas cumbres, prestaba a nuestros cerebros la prodigiosa actividad de las horas de inspiración.

El sol lanzó su postrer destello: todo el ocaso se tiñó de púrpura, y un rielar de luces, impregnadas con los calientes tonos de la nácar, comenzó a descender sobre nosotros, que nos vimos, por breves instantes, envueltos en aureolas de resplandeciente fulgor. Jamás el alma se había sentido más soberana de sí misma: por un momento la tierra entera nos presentó sus contornos, su historia, su principio, su fin: la aurora y el ocaso de la humanidad se desenvolvieron, con todas sus grandezas, ante nuestro pensamiento. El Cosmos surgía allí, eterno, infinito, anonadando nuestra pequeñez de átomos con sus inmensidades de Dios... Mi compañero se descubrió respetuosamente: su espíritu, capaz de comprender la majestad de la Naturaleza, había sentido la emoción religiosa; por su rostro varonil, lleno de energías juveniles sin corromper con el veneno de las prostituciones, se deslizó una lágrima: mis rodillas se doblaron en tierra, y nuestros labios murmuraron una bendición, cuya cadencia de plegaria fue repercutiendo en lejanos ecos, como si cien generaciones la hubieran pronunciado.

Después el pensamiento recorrió, con su rapidez inmedible, los estrechos horizontes de la patria. Los pobladores de Levante, achicados con la herencia númida, de imaginación tan llena de colores y de fantasías, como llena de perfidias y egoísmos el alma: el septentrión, sombreado por las hecatombes civiles, cuyo vaho de sangre, aún caliente, marca en la historia rasgos de ferocidad inconcebible... Alrededor, los pueblos todos de la patria, dormidos en noche de ignorancias, luchando cruelmente por felicidades baladíes, por bienes convencionales: el odio latiendo a impulsos de la envidia y acribillando la integridad de la conciencia racional con las garfiadas de la rutina, de la superstición y de la impiedad... Más cerca de nosotros, Asturias, ¡la sin par Asturias! donde el alma se embriaga de suavidades y la imaginación se impregna de ideales, aletargada en una quietud de momia, dejándose arrastrar por el progreso en vez de iniciar el avance con sus indomables energías godas y sus austeras virtudes patriarcales: Asturias mandando la flor de sus inteligencias al nuevo mundo, y recibiendo en cambio el torrente del lujo y la molicie, como si el oro de México y de Chile, al ser traído a la patria, no sirviera más que para arrojarla en el camino de las fastuosidades...

Después, más cerca, hiriendo nuestra personalidad, esos tipos intermediarios entre el mono y el hombre: la aristócrata de pueblo, mezcla de beata y de bacante que se embriaga en las romerías vestida de raso y adornada de escapularios, cuya carne, amasada con herencias del carlismo y siseos de sacristía, se dora por fuera con los barnices de la erudición y la escolástica, quedando por dentro vacía de sentido común y dignidad; el plebeyo, enriquecido con el oro americano, de ínfulas de señor y hechos de rufián; los tenderos de baja estofa; los aldeanos gazmoños... lo canallesco, alto y bajo, que mientras nos servían lo pagado o nos obsequiaban para satisfacer sus curiosidades, se permitían nombrarnos herejes, diciendo que tuvieran a mengua el ser como nosotros... Y dominando este conjunto de pequeños detalles, el Estado, representado en sus autoridades, creyendo ver en la tourista entusiasta de las agrestes soledades campestres a la conspiradora de mala raza, y mandándome detener por parecerle imposible, en su *alta* e *ilustrada* civilización, que la mujer pueda vivir en el estudio y la contemplación de la Naturaleza.[1]

La noche se extendió silenciosamente: el pasado y el porvenir se fundieron con el presente en un hondo suspiro que se escapó del alma. Las estrellas rielaban con luz deslumbradora en un espacio negro, intensamente negro; la nieve de los ventisqueros lanzaba una reverberación blanquecina de matices de aurora, que extendiéndose sobre aquellas montañas, llanuras y mares, hundidos en profundidades inmensas, los cambiaba de realidad tangible en imágenes de ensueño. Parecía que el planeta se estaba deshaciendo bajo nuestras plantas, y que, separada para siempre de su rugosa corteza, iba a encontrarme pronto en el espacio sin principio ni fin, donde los soles y los universos forman, con sus vidas centenarias de siglos, los segundos de la eternidad... Sobre mí flotaba algo perenne; mi pensamiento no encontraba límites. ¡Más allá! iba diciendo a medida que se alejaba desprendido radicalmente de la tierra. Entonces, padre mío, mi corazón te buscó. ¡No comprendo sin ti la inmortalidad! Sobre todos los abismos, por encima de todas las elevaciones, cuando lo eterno se me aparece como el verdadero horario de nuestro espíritu, me siento desfallecer de horror si no te llevo a mi lado.

Mis ojos buscaron tu sepulcro: en aquellos horizontes sin contorno que se extendían a mi alrededor, supe encontrar la losa de piedra que, insensible a mis lágrimas, me rechaza siempre con fría dureza cuando mis labios

---

1. Fui detenida en el Barco de Valdeorras en viaje anterior a este que aquí se expresa, por orden gubernamental, sin más razón que lo *extraño* de mi modo de viajar: iba a caballo.

buscan tu noble y hermosísima frente. Desde aquellas cumbres, en donde tanto poder adquiere la imaginación, me pareció más fácil romper el muro que me separa de ti, y cuando anhelosa, bajando con el pensamiento por los intersticios del sarcófago, esperaba escuchar tu acento bendito, impregnado del profundo cariño paternal que me tenías, el espectro de tu cadáver, los despojos de tu ser, rechazándome con sus asperezas de polvo y sus rigideces de hueso, tornaron mi pensamiento al vacío... ¡Entonces el amor inmenso que te guardo hizo surgir en lo infinito tu imagen adorada, llena de bondades, de indulgencias; de aquella castísima y sin igual ternura, que fue, para los días de mi vida lo que es para el caminante del desierto el oasis poblado de seculares palmas y regado por límpida corriente! Sonreías sin cesar: tu alma, donde la generosidad se instaló como soberana, me decía sin palabras: ¡*Espera!* ¡Y la paz de tu conciencia inmaculada parecía derramarse sobre mi corazón, que iba sintiendo esa quietud inalterable de los que nada piden ya a la sociedad humana!...

En aquellos supremos instantes surgió en mi cerebro la idea de este drama que te ofrezco a continuación: veintidós días después estaba terminado.

Padre mío: Recibe mi obra con benevolencia, con amor: esto será mi gloria y mi dicha. Donde quiera que sea, *eres*. Fuera o dentro de mí, *existes*. Mientras yo aliente tú alentarás en mí; o por la fe que me des subsistiendo en otra vida, o porque tu ser en herencia reside en mi ser. ¡Toda yo soy tuya, padre mío! ¡Para ti mi drama! Donde vaya mi firma, deja un beso; después de sentirlo vibrar en el alma, ¿qué más puede querer tu hija?...

ROSARIO DE ACUÑA

137

ACTO PRIMERO

Plaza de una aldea asturiana, a la derecha del espectador la casa de doña Braulia con el carácter de "caserío" de labor: balcón-galería de madera, donde se ven colgadas panojas (mazorcas) de maíz, cebollas en rastra, ropa, cuerdas y demás enseres propios del abandono y desorden de los caseríos de Asturias; emparrado sobre la puerta; debajo, heno amontonado e instrumentos de agricultura rústica. A la izquierda del espectador, casa-palacio antigua de piedra oscura: balcón con balaustrada de piedra y encima un gran escudo heráldico, aspecto general de casa solariega; sobre la balaustrada del balcón tiestos con flores; el balcón practicable; puerta debajo del balcón. —Enfrente del espectador paisaje montuoso, mezclado de rocas y arbustos; y hacia la izquierda, una casita muy humilde con una sola puerta y ventana; por encima de ella asoma el campanario de una ermita con campana y cruz; bien vistas por el espectador; entre la casita y la casa-palacio, siempre a la izquierda, una gran puerta como de establo o corralón para encerrar ganados (practicable). Por entre los peñascales una vereda practicable para el paso de una actriz, vereda que termina en escena, último término; bastidores de bosque por entre las casas.—Telón de fondo de altas montañas, algunas cubiertas de nieve en sus picos más altos; el cielo límpido.—A la puerta de la casa-palacio, un banco de piedra.—La decoración ha de "ceñirse estrictamente" al carácter de los usos y costumbres de Asturias; al levantarse el telón ha de representarse una aldea de aquellas montañas, dependiendo en parte el éxito de la obra de la propiedad escénica con que se presente, ofreciéndose al público en ésta y las demás decoraciones, un "lugar de acción peculiar", e inequivocable de la aldea asturiana, con sus paisajes dulces, agrestes, sus caseríos pintorescos, desordenados y envueltos en vegetación.—Es de día.[2]

2. Todo lo señalado en la obra con asterisco * queda suprimido en la representación.

ESCENA PRIMERA

DOÑA BRAULIA (mujer fresca y ágil aún). ISABEL (ambas vestidas al uso moderno pero sin pretensiones, con las sayas cortas, y DOÑA BRAULIA con delantal asturiano, negro, largo y redondeado por las puntas).

BRAULIA (Apilando el heno con un rastrillo.) Es mucho esto, que yo lo tenga que hacer todo; ayer dije a Juana que metiese esta yerba en el establo, y sí, sí; al fin tengo que recogerla yo.

ISABEL (Asomándose al balcón que hay en su casa, que es la casa-palacio.) Buenos días, doña Braulia, qué afanosa anda y qué enfadada.

BRAULIA Hola, ¿estás ahí burlándote ya de mí?

ISABEL ¡Dios me libre de ello! pero créame, me apena verla siempre de mal humor.

BRAULIA (Dejando de trabajar y volviéndose hacia el balcón.) ¿Malhumorada, eh? ¡Si no tuviera que hacer otra cosa que lo que a ti te afana! (Durante estas palabras Isabel se ha puesto unas rosas en el pecho, cortadas de los tiestos.) Si poco después de salir el sol, fueran mis trabajos engalanarme con rosas... ¡Amigo, tu buena vida es sólo para ricos!

ISABEL Pues crea usted, doña Braulia, que aún no la llevo tal como mi padre quisiera, ni espero lle-

141

varla nunca mejor, aunque aumente fortuna. (Aparte.) No puedo menos de hacerla rabiar.

BRAULIA   Ahuécate con tu buena vida, y danos en cara con ella.

ESCENA II.

DOÑA BRAULIA, ISABEL y DON PEDRO apareciendo por el fondo (traje de campo elegante).

PEDRO   ¿Pero, será posible que no se cruce la palabra entre mi hija y mi prima, sin que se vuelva ácida como el agraz? ¿Qué demonio traéis entre manos?

BRAULIA   Pues, lo de siempre, Pedro; que yo trabajo y tu hija se emperegila.

ISABEL   (Con tono de reproche.) ¡Doña Braulia!

BRAULIA   Y que, como dice el refrán, donde no hay harina… y como por los umbrales de esta, mi casa, no entra mucha…

PEDRO   El ver contentos y ricos a los demás, te saca de tus casillas, ¿verdad?

BRAULIA   No es eso, sino que…

PEDRO   Válgame Dios con esta Braulia, y qué carácter tan benditísimo tiene (Todo dicho con segunda intención.); pero, vamos a ver, ¿qué te falta?

ISABEL   Sobre todo, paciencia…

PEDRO   (A Isabel.) A ver si te callas…

ISABEL   Y luego caridad…

BRAULIA   ¿Qué me falta? Dijeras mejor qué me sobra.

PEDRO   (Enumerando.) Veamos: tienes cuatro novillas como cuatro soles, cinco cerrados de pradería[3]

---

3. *Cerrados de pradería:* Prados vallados.

142

que no me dejarán mentir si los hecho a su cargo una de las mejores rentas en hierba del término de Samiego; tienes dos pomaradas[4] que se descuajan de fruta; un castañal regularcito; cinco heredades[5] de maíz, allá abajo en el valle, junto al convento, que te cambian en buenos pesos sus panojas; un hatillo de ovejas que es lo que hay que ver, y como sal de estas parcelas, guardas en el fondo del arca algunas peluconas[6] de antaño que, ni deudas ni enfermedades, las hicieron salir de tu rinconcito. ¿Es esto verdad?

BRAULIA   (Sofocada.) ¿Y a qué viene ese inventario?

ISABEL   Viene, para probarla a usted que no por pobre tiene razón para su mal genio. (En escena.)

BRAULIA   Más tenéis vosotros.

PEDRO   Mujer, ya sé que tenemos más que tú, aunque de nombre allá nos vamos contigo, que los dos llevamos el mismo apellido ilustre de los familia de Pelayo.

ISABEL   Cuyo solar no está lejos de aquí, en la aldea de Morgovejo, al pie de las Peñas de Europa.

PEDRO   Pero, a la verdad, tu fortuna es bastante para una buena vida.

BRAULIA   No como la vuestra.

PEDRO   ¿Y quieres que por ser bastante ricos, vivamos mi hija y yo como patanes? Nuestra hacienda es de las mejores de Asturias.

ISABEL   No siendo la de doña María Noriega de Monforte. (Con doble intención.)

---

4. *Pomaradas:* Sitio poblado de manzanas.
5. *Heredades:* Hacienda de campo, posesiones.
6. *Peluconas:* Onza de oro, y especialmente cualquiera de las acuñadas con el busto de uno de los reyes de la Casa de Borbón, hasta Carlos IV inclusive.

BRAULIA   (Con ira.) ¿Por qué no acabas la frase? —que será también mía...

PEDRO   Vaya, y aunque así fuera, ¿que tenemos con eso? (Enfadado.)

BRAULIA   Tenemos... tenemos... nada hombre. ¿Parece que no te gusta mucho el parentesco que vas a adquirir?

ISABEL   (Con altivez.) Mi padre, doña Braulia, no tiene por qué sentir el ser consuegro de doña María, al admitir al hijo de esta señora por esposo mío; mi padre, pues, está orgulloso del parentesco.

BRAULIA   A pesar de todo, ¿eh?

PEDRO   (Con dignidad y mal humor.) Sí; a pesar de todo.

BRAULIA   Bien, bien; allá vosotros, que en la conciencia sólo entra Dios y el confesor; pero si mi hija Consuelo tuviera la mala idea de querer para marido a otro como vuestro Ramón, yo, cristiana, católica, apostólica, romana, a macha y martillo, no estaría tan satisfecha de ser su suegra.

ISABEL   ¿Qué quiere usted decir?

PEDRO   (Interponiéndose entre Isabel y Braulia.) Vamos, vamos dentro; no agriar la cuestión.

ESCENA III.

BRAULIA, PEDRO e ISABEL y CONSUELO. Entra ésta en escena saliendo de su casa. Traje de aldeana asturiana, pero con cierto modernismo, alguna riqueza y serio.

CONS.   ¿Quieres que yo te lo explique?

PEDRO   Vámonos, Isabel.

ISABEL   No, padre; es menester que termine esta enemistad que nuestras dos primas y Diego tienen

144

contra nosotros. Vale más una guerra franca que una amistad traicionera.

CONS. ¿Traicionera? Dura es la palabra; pero, al fin, la admito, y vamos a explicaciones.

BRAULIA A ti no te las pidieran.

CONS. Las daré mejor que usted. (A Isabel.) ¿Quieres saber por qué ni nosotras ni ninguna familia de esta cristiana aldea, admitiríamos el parentesco con Ramón? Pues bien debe alcanzártese si conoces a tu prometido, porque es un hereje, impío, blasfemo, ateo, hijo de satanás, según tiene su alma de empedernida, y cerrada a la verdadera religión...

ISABEL ¡Consuelo!

CONS. ¿No querías saber la verdad? Pues hela ahí.

PEDRO Mira lo que hablas; yo soy tan cristiano como vosotras, y Ramón va a ser dentro de quince días mi yerno.

BRAULIA Eso es lo que falta saber, si eres buen cristiano.

ISABEL ¡No consiento que insulte usted a mi padre! (Con energía.)

ESCENA IV.

BRAULIA, DON PEDRO, ISABEL, CONSUELO y JUANA, con una cesta de yerba en la cabeza, vestida de aldeana humilde.

JUANA Pongo esta yerba en el establo. (Descarga la cesta, y se queda esperando junto a la puerta de casa de Braulia.)

PEDRO Acabemos esta enojosa cuestión; iros a vuestras faenas.

ISABEL Y dejadnos, que no tenéis que dar cuentas de nuestras almas.

BRAULIA Eso ya lo dije yo.

145

CONS.   Pero tenéis que darla vosotros de vuestro ejemplo.

ISABEL   Palabras del último sermón. (Con ironía.)

CONS.   ¡Renegada! (Se van Braulia, Consuelo y Juana, entrando en la casa.)

ESCENA V.

ISABEL y DON PEDRO.

PEDRO   (Sentándose en el banco de piedra.) ¡Qué terrible es la envidia, y cuán enojosa nuestra situación!

ISABEL   Padre, ¿por qué ese desaliento? *¿Acaso encuentra alguna razón en lo dicho por Consuelo?

PEDRO   (Mirando a todas partes.) Estamos solos, hija mía; a qué disimular mi profunda pena. Cuando tu madre te dejó niña, hice el juramento de dedicarte mi vida entera, honrando la memoria de aquella santa, al educarte y quererte.

ISABEL   Y así he salido yo de mimada, ¿verdad?

PEDRO   No; tú eres buena. Conseguí hacerte sencilla, ilustrada, pues mi deseo no fue verte ciudadana inútil, sino aldeana honrada.

ISABEL   (Interrumpiendo a su padre, con tono doctoral y cariñoso.) Trabajadora, mujer de su casa, con ciertos conocimientos de buena ley, sin coqueterías... (Cambiando de tono.) y ya ve usted, como sé que no tengo abuela...

PEDRO   No bromees, hija; hablamos en serio.

ISABEL   Pero si yo no quiero hablar en serio cosas que le entristecen. ¿Quiere usted que siga la historia? Pues oiga, y verá cómo sé la pena que le aqueja. Quedamos en mi educación; consiguió hacer de mí lo que quería. Cuando me llevaba a Oviedo o Gijón, me aburría *aquella vida de ciudad en

que todo oprime, desde el aire hasta los afectos,* mis vaquitas, mis libros, mis flores, mis
fiestas de las romerías, del magosto[7], de la des-
hoja, me llamaban a la aldea, *sintiendo sólo
haberla dejado por algunos meses. *¿Se acuerda usted cuando me llevó a Madrid?

PEDRO   Si no te saco de allí te mueres.

ISABEL   Yo aspiraba con fuerza, y nada, cuanto más
afán por aire menos entraba en mis pulmones.
¡Qué horror de ciudades!

PEDRO   Llamamos al médico...

ISABEL   Y dijo: "Vuelvan a la aldea, al aire libre, al sol;
entre aquellos raudales de salud que emiten los
bosques y la montaña." Cuando volvimos tenía
fiebre: en Madrid no la notaba. Allí, padre, deben tener todos fiebre, sin que ninguno lo note.

PEDRO   *Y, sin embargo, estabas alegre, hermosa.

ISABEL   *¡Ah, sí! Con la alegría de la demencia. *¡Dios
nos libre de ella!*

PEDRO   Hice cuanto pude para aclimatarte a Madrid,
donde nombre y fortuna nos guardaban un buen
lugar.

ISABEL   No pude acostumbrarme. *Madrid es un veneno demasiado activo para tomarle de pronto.
Cuando se compara el esplendor de estos días
con la reverberación extenuadora de aquellas
noches; esta dulce alegría de un hogar sano y
alegre, con aquellas mutuosidades lóbregas del
hogar ciudadano, el alma se estremece de gozo
y de gratitud, pensando en mi bendito padre

---

7. *Magosto:* Hoguera para asar castañas, especialmente en la época de su
recolección.

que de tal modo me hizo distinguir lo falso de lo verdadero.*

PEDRO   ¿Eres feliz, verdad?

ISABEL   ¿Lo duda usted?

PEDRO   ¿Lo serás después?

ISABEL   Henos aquí en el punto culminante.

PEDRO   Sí, hija mía, ¿A qué negarlo? *Será, acaso, vejez que invade el alma; serán restos de una educación religiosa, no por lejana olvidada, pero* cuando pienso en Ramón tengo miedo.

ISABEL   (Sentándose al lado de Pedro.) Hablemos claro, ¿por qué?

PEDRO   ¡Qué sé yo! Lo que se siente no se explica.

ISABEL   *¿Serán, acaso, influencias de nuestras primas? ¿Será que su alma asturiana se aferra a las supersticiones del montañés?

PEDRO   *Es lo que quieras, pero es; no puedo discutir contigo, no puedo convencerte; pero ¡ay! las penas están en el corazón. ¿Cómo con tus razones quitar mis sentimientos?

ISABEL   *¿Será posible, padre mío, que su claro juicio, que tan bien supo educarme, se cierre de tal modo a la reflexión?* Vamos a ver, ¿qué es Ramón?

PEDRO   Un joven ingeniero, noble, rico, cultísimo, simpático.

ISABEL   ¿Qué germina allá en su frente? ¿qué alienta en su corazón? ¿cuáles son sus costumbres?

PEDRO   ¿Y te niego yo sus admirables excelencias?

ISABEL   *¿No hay en su inteligencia ideales sublimes?

PEDRO   *Sí; no puedo negarlo.

ISABEL   *¿No hay en su corazón arranques generosísimos?

PEDRO   *¡Ah, sí! En esto raya en lo heroico.

148

Estudiantes barceloneses manifestándose en la Rambla contra el polémico artículo de Rosario de Acuña. (Foto *ABC*)

ISABEL   *¿Hay, acaso, en su vida horas viciosas o impuras?

PEDRO   *No, hasta el punto de causar asombro que, un joven, educado en Madrid, conserve la juventud vigorosa y las costumbres sencillas.

ISABEL   ¿Pues, entonces?

PEDRO   Te dije que no discutiéramos, ¡pero su ateísmo completo! ¡su libertad absoluta de pensar! ¡su falta, de fe!

ISABEL   ¡Mientras crea en mí! ¿le hace falta otra religión? (Con energía.)

PEDRO   ¡Isabel!

ISABEL   Hablemos de una vez para siempre: ¿usted qué es? un hombre honrado, sobre todo; ¿necesitó usted llamarse moro o judío, para ser el modelo de los esposos, de los padres, de los caballeros?...

PEDRO   No, es cierto; mas por lo mismo, no me sobra hacer lo que hago, ir a misa, a confesar...

ISABEL   ¡Por un hábito! responda en conciencia: cree de absoluta necesidad, para ser como es, llamarse católico, ¿sí o no?

PEDRO   No...

ISABEL   Pues, entonces, ¿qué queda de todo eso? *¡Una sombra, una ilusión, un espejismo!...

PEDRO   Un ejemplo: un motivo edificante que evita el escándalo aquí, en estas aldeas pacíficas, donde casi todos los habitantes no usaron aún de su razón para discernir el bien del mal sin la ayuda de las creencias religiosas

ISABEL   *Dijera usted de la superstición, y hablara con propiedad.

PEDRO   *¡Hija!

ISABEL   Bien: le concedo la necesidad de ser un poco

149

hipócrita en estas aldeas, pero cuando haya dos motivos: o debilidad moral, por edad, o debilidad social por pobreza; Ramón es joven, es inmensamente rico; es fuerte de ambos modos...

PEDRO No le va mal con su defensora.

ISABEL Ya sabe usted cuánto le amo.

PEDRO Adelante.

ISABEL Ramón no puede ser hipócrita; debe dar el ejemplo de la verdad.

PEDRO ¡La verdad! ¡aquí en este mundo!

ISABEL Sí, padre, la verdad es de todos los mundos *(son firmeza y austeridad.)* (Se levanta.)

PEDRO ¡Toda tú, eres de él!

ISABEL ¿Y le pesa a usted? Los buenos esposos, ¿no han de tener sus almas desposadas?

PEDRO ¡Oh! sí, serás su esposa, que en cuanto a alcurnia ilustre nada le falta; tiene nobles apellidos, genealogía bien limpia.

ISABEL Y esto le consuela, ¿verdad?

PEDRO *¿Cómo, si no, habría de enlazarse con una descendiente de la familia de Pelayo?

ISABEL Convengamos en que se da usted por vencido.

PEDRO ¡Quiera Dios que no te equivoques, que no tenga razón el Padre Juan al decir que las virtudes de un librepensador son ardides del diablo para seducirnos! (Levantándose con violencia.)

ISABEL Padre mío, le harán dudar a usted también. (Volviéndose hacia el foro.) ¿Qué hombre es ese fraile que de tal modo pervierte la noción del bien y del mal? *¡Oh, fraile impío! ¡de dónde saliste! ¡qué atmósfera llevas en derredor tuyo que hasta mi padre llegó a envenenarse!

PEDRO No te exaltes; te quiero mucho y tu felicidad es lo primero.

ISABEL   Pues bien, basta de dudas y de penas; Ramón será mi esposo, según estaba convenido, mediante el matrimonio civil; el religioso le hicieron nuestras almas al darse juramento de amor; después, todos pasaremos una temporada en Andalucía, y cuando volvamos a nuestra amada aldea, Ramón a realizar sus proyectos, yo a secundarlos, estas buenas gentes ya no se acordarán de lo que llaman nuestras herejías...

(Durante la mitad del parlamento de Isabel, Diego aparece por la vereda del último término y entra en escena con las últimas palabras de Isabel.)

ESCENA VI.

DON PEDRO, ISABEL, DIEGO, este último en traje de asturiano rico.

DIEGO   Buenos días.

PEDRO   Dios te los conserve buenos, Diego.

DIEGO   ¿Se espera a Ramón? Según me dijo Consuelo, hoy llega de Madrid, con ese amigote suyo, Luis Bravo, el que estuvo por acá el último verano... Buen par... salvo quien sepa más que yo para apreciarlos.

PEDRO   No sé qué te hicieron don Ramón, ni don Luis.

DIEGO   A mí, nada; por más que si fuéramos a cuenta... porque ellos tengan *don* y *din,* y sea yo un aldeanote a la buena de Dios, aunque no muy pobre, no deberían así, sin más ni más, hacerse tan extraños de mí y de los mozos de la aldea.

PEDRO   Ramón te estima y te respeta como a todos.

DIEGO   Eso de que me estima y me respeta, sépalo él, en cuanto a tratar conmigo, siempre lo hace desde alto a abajo, y esto sería menester ser un bodoque[8] para no conocerlo.

ISABEL   ¿Quieres acaso tratar con él de igual a igual? ¿qué estudios hiciste? ¿qué eres?

DIEGO   Poco a poco, que ya sé muy bien que él es un señor sabio, muy leído, etc.; pero, ¡qué diablo! no nos vamos tan lejos, sino porque él tuvo monises para embucharse de libros.

PEDRO   Después de todo no te debe a ti nada.

ISABEL   Y espero que no volverás a ocuparte de él en nuestra presencia.

DIEGO   Descuiden ustedes...

ISABEL   Vamos adentro, padre. (Se van por la puerta de su casa.)

ESCENA VII.

DIEGO, luego TÍA ROSA (traje muy característico de asturiana, con montera sobre el pañuelo anudado a la barba: todo en colores oscuros).

DIEGO   ¿Y creerán los dos que creemos en su buena fe? (Valientes hipócritas! por todo pasan con tal de pescar los millones de Ramón... del canalla que se complace en rebajarnos a todos los de la aldea con sus cacareados conocimientos...¡Vive Dios! ¡pensar que aquí en tierra bendita va a arraigar semejante familia de herejes!)

ROSA   (Cruza la escena llevando del ronzal a un borriquillo cargado de panojas, talegos como de patatas, pollos, etc.; se acerca a la caseta humilde, ata el borrico a la ventana y comienza a descargarlo mientras habla; la carga metida en

8. *Bodoque:* Persona de cortos alcances.

un serón.) ¡Diego! ¿quieres ayudarme a descargar el burro?

DIEGO (Acudiendo y la ayuda; unan los actores la acción a la palabra.)

Buena colecta se ha hecho, tía Rosa; el Padre Juan no estará descontento.

ROSA No fue mal día para la comunidad: ¡si todos los legos del convento hicieran por recoger siquiera la mitad de lo que esta pobre sierva de Dios, humilde santera[9] de las ermitas de Santa Cruz y de Santa Rita!...

DIEGO He aquí unos buenos pollos.

ROSA Son de la tía Sancha; los ofreció si su hijo salía libre de quintas, y como se libró...

DIEGO Ricos jamones...

ROSA Son de doña Remigia, esa santa mujer, tan distinta de esa hereje Noriega...

DIEGO Tía Rosa, en cuanto a lo de *santa,* dicen que si está separada de su marido, es porque la encontró con un tal González.

ROSA ¡Bah! Historias viejas y en todo caso calumnias; ello es que doña Remigia es una santa y una sabia. ¡Si la oyeras hablar en latín con el Padre Juan!...

DIEGO ¿Y qué relaciones tiene?...

ROSA Siempre con canónigos, obispos y condeses.

DIEGO Tía Rosa, se dice condes.

ROSA ¡Igual da! Es una bendición la tal doña Remigia; en donde cae, ya está alborotado el cotarro.

DIEGO Como aún está fresca de carnes...

ROSA Calla, mala lengua.

DIEGO Lo que está a la vista...

---

9. *Santera:* Persona que cuida de un santuario.

153

ROSA   Es una santa y una sabia, en una pieza.

DIEGO   (Terminan de descargar.) Y, ¿nada más?

ROSA   Y lo mejor. (Le enseña un pañuelo lleno de monedas.) Y estas perrucas, que si no va mal la cuenta, importan tres duretes; son las ofrendas de las dos ermitas.

DIEGO   ¿Aún hay religión?

ROSA   ¡Vaya! ¡A Dios gracias, y a esos buenos frailes que han avivado nuestra fe! Y pese a todos los endemoniados que, como dice el Padre Juan, han caído sobre la aldea para probarnos.

ESCENA VIII.

TÍA ROSA, DIEGO, DOÑA BRAULIA, CONSUELO y JUANA, esta última con un cesto de manzanas.

CONS.   (Se acerca a donde está tía Rosa, y mira la carga del burro extendida en el suelo.) Buena colecta.

ROSA   No es maleja. (Comienza a meter todo en la casa, primero el burro y después lo que traía.)

BRAULIA   (Al ver a Diego.) Hola, ¿estabas ahí? ¿vino ya Ramón?

DIEGO   Aún no, pero no deben tardar; anoche harían jornada en Framosa, y para las siete leguas que hay desde allí, a medio día llegarán; con sus caballos pronto las andan.

CONS.   (A Juana.) Lleva esas manzanas al Padre Juan y vuelve, que hay que encerrar el ganado.
(Juana se va.)

BRAULIA   (A Diego.) Verdaderamente está al fin del mundo nuestra aldea.

DIEGO   Ya ve usted, a quince leguas de la primer carretera, y a más de veinticinco del primer ferrocarril.

CONS.   Lo que no bastó para librarla del pecado... ¡En mala hora se les ocurrió a esas gentes posarse aquí!

BRAULIA   Sin embargo, Ramón es bueno; para mí la culpa la tiene su madre, y el condenado masón de su padre, que con sus ejemplos de impiedad le corrompieron.

DIEGO   La madre, quiá, es el hijo.

CONS.   Para mí, tal para cual, y dignos de los dos esos de enfrente; te aseguro que desde que doña María se estableció de hecho en El Espinoso, no tengo una hora de sosiego.

BRAULIA   Tampoco yo.

DIEGO   Sin embargo, hasta ahora, no se metieron mucho entre nosotros.

CONS.   ¡Que no!

BRAULIA   ¿Te parece poco lo que hacen? ¿Se puede vivir con un ejemplo como el suyo? No oyen una mala misa.

CONS.   No entran una vez en la iglesia.

DIEGO   Doña María hace caridades.

BRAULIA   ¡Hipocresías!

CONS.   Por hipocresía y por miedo.

DIEGO   ¿Por miedo?

CONS.   Claro: ella sabe muy bien que aquí no se los traga; que en todas las casas se les mira por lo que son, y a fuerza de limosnas, de tirar el dinero, quieren ganarse simpatías...

BRAULIA   ¿Querrás creer que cuando la comunidad de franciscanos vino hace dos años a establecerse en el concejo, tuvo el atrevimiento de negarles unos terrenos que la pedían para hacer la vaqueriza del convento?

DIEGO   Pues no sabía; eso lo haría Ramón.

BRAULIA   El hijo y la madre.

CONS.   El Padre Juan fue el encargado por la comunidad de presentarles la demanda, y ¡asómbrate! recibió al reverendo...

BRAULIA   En el corralón.

CONS.   En la portalada; ni siquiera los consintió entrar en la casa.

DIEGO   ¡Qué gentuza!

BRAULIA   ¡Al Padre Juan! ¡A ese santo varón, que nos lleva desde el confesionario por el camino del cielo!

CONS.   Pues a mí me contó Pepa, una de las criadas de El Espinoso, otra cosa más horripilante.

BRAULIA   ¿El qué, el qué? (Con afán.)

CONS.   Que apenas salieron de El Espinoso los frailes, entró su ama en el gabinete y, sin más ni más, se dejó caer con un soponcio.

DIEGO   ¡Hola!

CONS.   Que el desmayo la duró una hora, y que cuando Ramón ya estaba asustado volvió en sí diciendo: "¡el fraile! huyamos, huyamos."

DIEGO   ¡Hola, hola!

BRAULIA   ¿Y te lo contó así Pepa?

CONS.   Así mismo.

DIEGO   Y ¿qué sería?

BRAULIA   ¿Qué había de ser? ¡Los diablos que tiene en el cuerpo, que se le revolvieron al verse delante del fraile!

CONS.   Eso mismo pensé yo. (A Diego.) ¿Crees tú que el demonio puede resistir la presencia de un santo?

DIEGO   No digo que no: cuando yo estuve en Arteijo, allá en La Coruña...

CONS.   Sí, cuando fuiste a llevar aquel encargo del Padre Juan.

DIEGO   Bien claro vi cómo se retorcían los endemonia-
         dos, y endemoniadas, en cuanto los metían en el
         santuario y los rociaban con agua de la pililla.
BRAULIA Y por cierto que ahora caigo en una cosa.
CONS.   ¿En qué?
BRAULIA Que siempre que doña María se encuentra ca-
         sualmente, con un fraile, huye de su presencia.
CONS.   Naturalmente; si esto es más claro que la luz.
DIEGO   Pues nada, que tienen ustedes razón, son una
         familia de endemoniados. *De Ramón ya lo sa-
         bía, porque un hombre tan orgulloso como él,
         no puede ser sino el demonio; pero de doña
         María... ¡la he visto hacer algunas cosas!...
         Cuando la viruela invadió el concejo, ella era la
         mejor enfermera; ella paga a todos los pobres
         los derechos de iglesia, cuando hay bodas, bau-
         tizos o entierros; en una ocasión la he visto qui-
         tarse los zuecos, para dárselos a un viejecito que
         iba con los pies en el agua, y una vez la vi coger
         una macona de panojas[10] que llevaba una chi-
         quilla con gran trabajo, y con sus manos tan
         blancas, cargarla a la cabeza e ir andando me-
         dia legua.* ¡Pero doña María hace obras tan
         buenas!
BRAULIA ¡Bah! ¡Pamplinas!
CONS.   Lo que yo te dije; afán de hacerse querer, y
         miedo a las justas iras de todos nosotros, adictos
         de la Santa Iglesia.
DIEGO   Eso será de fijo, porque como dijo el padre
         Juan en un sermón: "Caridad sin religión es ca-
         ridad del diablo, que corrompe al que la recibe
         y hunde más en los infiernos a quien la hace."

10. *Macona de panojas:* Banasta grande.

BRAULIA   Y ya ves tú que religión la suya. ¡Se van a casar por detrás de la iglesia!

DIEGO   ¡Por detrás de la iglesia!

CONS.   ¿Te desayunas ahora con ello?

ROSA   (Sale por la puerta de su casa, que es por donde se marchó y viene al primer término, terciando en la conversación.) ¿Se habla de los herejes?

BRAULIA   No sabes, Rosa, que va a casarse Ramón con nuestra prima al modo de los brutos.

ROSA   ¿Cómo es eso?

DIEGO   Pues ayuntándose[11]...

ROSA   Jesús, María y José, (Se persigna.) qué barbaridad; ¿y lo consienten las leyes?

CONS.   Eso no lo sé, pero así van a hacerlo.

DIEGO   Van a casarse de ese modo que llaman por lo civil, que es, como si dijéramos, por lo nulo; un amancebamiento a ciencia y paciencia de las gentes.

BRAULIA   ¡Qué escándalo, Dios mío! Suceder esto en Samiego, a dos pasos, como quien dice, de la Santa Virgen de Covadonga.

ROSA   Y a las puertas del convento de San Francisco.

DIEGO   Pues, anda, que la víspera de casarse, van a solemnizar el matrimonio de un modo que dejará memoria en la aldea.

ROSA   ¿Eso más?

CONS.   Es cosa sabida: ese día se colocará la primera piedra de esas escuelas y asilos que van a construirse con el nombre de ella.

DIEGO   Sí, Villa Isabel; una agrupación de casas o cosa parecida.

---

11. En la 2.ª edición se suprimió: *Rosa*. ¿Cómo es eso? *Diego*. Pues ayuntándose...

BRAULIA   ¡Enfrente del convento las obras del diablo!

CONS.   Y esa odiosa Isabel dicen que las inaugura con paleta de plata.

DIEGO   Además, se va a dar comida a los pobres del concejo durante ocho días.

BRAULIA   Y aún hay más que no sabéis; me lo dijo ayer el alcalde, que está, como nosotros, escandalizado. Doña María solemniza el matrimonio librando de quintas a los mozos de la aldea que entren este año y dotando a las mozas de veinte con seis mil reales a cada una.

CONS.   Miedo, miedo y miedo...

BRAULIA   O remordimiento por consentir un concubinato.

DIEGO   Y el tal Ramón irá luciendo en la fiesta su mejor caballo. (Con ira.) ¡Cuando pienso en el poco coraje de los mozos! ¡Si ellos quisieran, ya les daríamos boda!

CONS.   Si todos tuvieran tu sangre valenciana.

TÍA ROSA   No quieren, porque no hay quien los empuje.

BRAULIA   Tú eres un mandria[12].

DIEGO   ¡Doña Braulia!

CONS.   Tiene razón mi madre; ¿te parece que si les hablaras a la conciencia y con maña, el que más y el menos dejaría de creerse en el deber de arrojar de la aldea a esa gente?

DIEGO   Si por mí fuera...

CONS.   Pues que no quede por ti.

DIEGO   ¡Son tan ricos!

BRAULIA   Y, ¿les debes tú algo?

DIEGO   ¡Deberles yo! (Durante este diálogo han salido por la derecha último término Manuel y Roque, Juana y Dionisia,

---

12. *Mandria*: Hombre de poco ánimo y espíritu, que se acobarda y no tiene valor para resistir a otro.

guiando dos terneras, cruzan la escena y meten las terneras por la puerta del establo, a la izquierda.)

CONS. Pues, entonces, a ello yo te ayudaré; ¿no soy tu novia? (Estas últimas palabras aparte.) Anda, así nos perdonará Dios nuestra caída, que sirviendo a la Iglesia se rescatan los pecados. (Durante estas últimas palabras Manuel ha vuelto a salir por la puerta del establo, dejándola cerrada y se han acercado a primer término, figurando hablar con tía Rosa y doña Braulia.)

DIEGO (A Consuelo.) Si pudiéramos...

CONS. Con sangre fría y astucia.

DIEGO Eso no me falta.

ESCENA IX.

DOÑA BRAULIA, CONSUELO, DIEGO, TÍA ROSA, MANUEL, ROQUE, DIONISIA y JUANA. (Todos éstos con trajes asturianos.)

MANUEL (A Doña Braulia.) No lo permita Dios.

ROQUE Pero, después de todo, a nosotros, ¿qué?

JUANA Y eso lo dice mi novio; no en mis días me casaré con tal mal cristiano. (Manuel, durante estas frases, figura que ha hablado con Diego y Consuelo.)

MANUEL Tienes razón, Diego; es menester darles un escarmiento.

DIEGO Seamos hombres de fe. Doña Remigia, esa señora tan principal de la villa, bien claro lo decía hablando con el Padre Juan. —"Lo primero la fe; que no se pierda la fe y que perezca todo."

CONS. (A todos.) Y luego, que ya veis: si se llega a realizar esa boda sin que antes sufran un disgusto gordo, ¿en dónde estaría la Providencia?

DIEGO Nosotros tenemos que representarla.

BRAULIA En nuestras manos ha puesto Dios su castigo.

TÍA ROSA　Seremos malos cristianos si no cumplimos sus designios.

MANUEL　Pues yo, si tú diriges, voy donde vayas. (A Diego.)

JUANA　Y también Roque, que ya está convencido.

DIONISIA　En cuanto a los demás, no se quedarán en zaga. ¡A ver si esa señoritica de Isabel deja sus aires de reina!

DIEGO　(Aparte.) Lo que tenéis vosotras es envidia. (Alto.) Bien; pues por mí no quedará.

CONS.　Yo haré lo que pueda, pero por bajo de cuerda; ya sabéis que somos parientes de Isabel.

BRAULIA　Y como le tocará algo…

MANUEL　Pues mandad y ya veréis.

DIONISIA　Piedras ni gritos no han de faltar, que para eso, las mujeres.

DIEGO　Pues tú, Manuel, diles a los mozos de qué se trata y reunámonos en algún sitio para ponernos de acuerdo; tú, Dionisia, a las mozas.

TÍA ROSA　Ya sabéis que mi casa está a vuestra disposición.

DIEGO　Está muy cerca de ésa (Señalando a la de Don Pedro.), y no conviene.

CONS.　Que vayan a la tuya; después de todo, ¿a ti qué?

DIEGO　A mí nada, pero si luego se sabe de dónde partió el golpe… Y como en estas cosas el empezar no es concluir…

BRAULIA　¿Y doña Remigia? ¿Para qué serviría con sus grandes relaciones, sino para sacarnos del atolladero?

CONS.　¡No seas cobarde! (A Diego.)

DIEGO　Pues, bien; mañana a la noche, en mi casa; pasado mañana es la romería en la ermita de nuestra patrona.

TÍA ROSA　Santa Rita.

DIEGO	Tal vez sea buena ocasión para mostrarles nuestro desagrado.
BRAULIA	Y poco hemos de poder o esos Noriegas saldrán para siempre de la aldea.
ROQUE	Pues convenido.
DIONISIA	Hasta mañana a la noche, en tu casa.
JUANA	(A Dionisia.) Que no vuelva a decir el Padre Juan que somos tibias.
BRAULIA	(A las mujeres.) Ya lo sabéis; para fundar aquí la Santa Hermandad de hijas de San Francisco sólo hace falta probar nuestra fe.
CONS.	El cielo no se gana sin méritos.
JUANA	Mal año va a ser para los herejes (Se van Juana, Dionisia, Manuel y Roque hablando aparentemente con gran entusiasmo. Por la derecha. Tía Rosa con ellos.)
DIEGO	(A Consuelo aparte.) ¿Estás contenta?
CONS.	(A Diego aparte.) Sí, aunque bien pensado, sólo hiciste tu deber.
DIEGO	Siempre arisca; adiós. (Se va por la izquierda. Braulia, durante este corto diálogo y monólogo se ha ido con los aldeanos y aldeanas y figura estar hablando con ellos antes de que se marchen.)
CONS.	(En primer término sola, refiriéndose a Diego.) ¡Imbécil! ¡Creerá acaso que su rústica ignorancia satisface mi corazón! ¡Ah, Isabel! (Con el ademán hacia la casa de D. Pedro.) ¡No gozarás de tu dicha; te odio porque te ama Ramón! ¡A él... a él... también le odio! ¡Sólo el Padre Juan me dio consuelos! ¡Ese fraile sabe mucho! ¡Sabe hacernos llegar hasta Dios con las pasiones de la tierra!
BRAULIA	(Acercándose a primer término, después de haberse marchado el grupo de aldeanos.) Me parece que se va a hacer algo bueno. (Frotándose las manos.) ¡Vaya

una alegría que tengo! (Aparece Doña María por la vereda entre los peñascales; último término.)

CONS.   Ahí viene doña María; vámonos. (Se van, entrando en su casa.)

ESCENA X.

DOÑA MARÍA NORIEGA (el traje de la actriz moderno, pero severo y modesto; peinada con sencillez; su figura ha de destacarse en lo alto de la vereda, con un carácter austero y simpático), después ISABEL.

MARÍA   (Poniéndose la mano delante de los ojos y mirando hacia la torre y campanario de la ermita.) No le veo aún; verdad que mi vista está cansada, pero si estuviera cerca, mi corazón sabría adivinarlo. ¡Hijo mío!... ¡La cruz, la campana, la iglesia! ¡Siempre delante de mí sus enemigos! *¡Le busco anhelosa por la subida de la vega y encuentro esos emblemas de tortura, de superstición y de errores!* ¡Qué presentimientos más tristes cruzan a veces por mi alma! ¿Venceréis al fin, espectros de dolor y de sombra? ¡Si Ramón quisiera salir de aquí! ¡Pero no quiere! ¡Es el héroe obscuro de la moderna edad! ¡Héroe sin legión, pero héroe! ¡Encariñado con su ideal, fiando en sí mismo, tranquilo por el porvenir! ¡El héroe! ¡que no sea el mártir!... Aún no viene. ¿Le esperará Isabel con la misma impaciencia que yo? Veamos. (Desciende por la vereda a escena y se acerca a la puerta de casa de Don Pedro, llamando.) ¡Isabel! (Más alto.) ¡Isabel!

ISABEL   (La voz desde sitio alto.) Allá voy; estoy esperando a Ramón; desde el palomar se ve todo el valle y allá lejos asoman dos jinetes, ellos son; ya voy.

MARÍA   Le esperaba; *¡cuánto le ama! Tendré que re-
           partir mi cariño entre dos hijos. ¡Ay, de las ma-
           dres que no saben abdicar a tiempo!*

ISABEL   (Entrando.) Doña María...

MARÍA   Hija mía, ¿por qué no me llamas madre?

ISABEL   (La besa.) Si usted quiere... *la mía era una santa
           y usted lo es también... poco pierdo en el cam-
           bio.*

MARÍA   ¿Vienen ya?

ISABEL   Sí, pero aún están lejos; ¿viene usted a esperarle?

MARÍA   Aunque sólo hace un mes que Ramón se fue a
           Madrid, a comprar tus galas de desposada, ya
           me parece que hizo un siglo.

ISABEL   De aquí en adelante no nos separaremos más;
           juntos siempre.

MARÍA   *Eso no es justo.

ISABEL   *¿Por qué?

MARÍA   *La vejez hace mal tercio a la juventud.

ISABEL   *Convenido, cuando se empeña en hacerla vie-
           ja... pero usted y mi padre saben muy bien
           guardar su sitio; dan más amor que exigen, y
           cuando los padres son tan buenos, cuando no
           estorban nunca, justo es que las alegrías de los
           jóvenes hijos, sus felicidades, iluminen como
           rosada aurora el melancólico crepúsculo de la
           vejez.*

MARÍA   Eres un ángel.

ISABEL   No, soy hija de un hombre honrado: ¿no dice el
           evangelio: "Por el fruto conoceréis el árbol."?

MARÍA   (Con horror.) ¡Oh! (Pausa.) Cada vez estoy más
           contenta de que hayas elegido a Ramón.

ISABEL   Gracias por la delicadeza, madre; nacimos para
           comprendernos; su alma y la mía tomaron vida
           en un mismo ecuador de sentimientos; *para

164

alzar mi inteligencia hasta la suya me bastó docilidad, "Lee ese libro, me decía" y en vez de arrojarle con el usual desdén femenino, estudiaba todas sus páginas teniendo orgullo en contestarle: "He aquí el libro que me diste, sé lo que encierra." Así, poco a poco, llegó un día en que nuestras inteligencias se hallaron tan unidas como nuestros corazones.*

MARÍA   La boda se hizo precisa.

ISABEL   *Mi amor es tan puro madre, que si de pronto la eternidad se extendiera entre nosotros sin que sus labios de esposo dejaran en mi frente el beso de amor, me veríais sonreír tranquila;* las órbitas de nuestro destino no pueden romperse nunca; cuando el corazón y la inteligencia se unen, la muerte es una separación momentánea. ¡Los mundos nuevos debe crearlos el amor de dos almas semejantes!...

MARÍA   Al oírte, evocas en mí el recuerdo de aquellas mujeres godas tan apasionadas como enérgicas, tan castas como inteligentes.

ISABEL   (Con graciosa coquetería.) Sangre hay en mis venas de su raza, y en estas montañas no se degenera mucho.

MARÍA   (Sentándose.) ¿Y ese amor, no estuvo inquieto nunca por el porvenir de Ramón?

ISABEL   Sí, madre; en medio de mi dicha, un hálito frío, áspero, como el soplo que baja desde los ventisqueros de *Pena Vieja,* se da a correr por mis venas, y con escalofrío de muerte hunde mis venturas en abismo de dolores; *entonces mis ojos se llenan de lágrimas, mis labios murmuran una maldición, y mis manos se crispan con deseo de venganza.*

MARÍA   ¿Y no diste nunca forma a ese temor? (Con ansiedad.)

ISABEL   En mi corazón resuena un nombre, ¡el Padre Juan!

MARÍA   (Levantándose.) ¡Hija!

ISABEL   Ese nombre está aquí... luego, ¡le oigo en todas partes! Ya sabe usted que es el árbitro del concejo; la vejez del cura párroco le han entregado de hecho, si no de derecho, la dirección de la feligresía.

MARÍA   Pero Ramón no se mete con él.

ISABEL   Ramón no es hipócrita; no oculta sus ideales, sus creencias; obra según piensa, piensa racionalmente; su moral es la eterna moral de amor *puesta en práctica aquí, en la tierra, ejerciendo una caridad tiernísima, y ostentando una tolerancia sin límites... *¿A qué decirle a usted lo que es? ¿no es su retrato, e hijo de aquel masón ilustre fundador de una logia, allá en América?* El Padre Juan no puede menos de ser irreconciliable enemigo de Ramón.

MARÍA   (Tapándose la cara.) ¡Qué horror!

ISABEL   Acaso la descubrí lo que usted no adivinó.

MARÍA   (Serenándose.) No es eso... Veo el peligro como tú: *Esta aldea, poblada de criaturas ignorantes, sin más entendimiento que el de la astucia y la malicia, era terreno fértil para desarrollar la epidemia moral del fanatismo...

ISABEL   *Bajo la influencia de nuestro cura párroco, cuya máxima moral era sencilla, *amar al prójimo,* se contenían los odios, las envidias, las soberbias y la evolución a la nueva edad, acaso, acaso se hubiera hecho sin grandes violencias...

166

MARÍA   *Vinieron los frailes…

ISABEL   *La discordia se encendió: la religión perdió sus piedades para recuperar sus venganzas.

ISABEL   *Hoy, todo se compra desde el confesonario: el pecado no impone sus dolores a nadie que sirva bien a la Iglesia.

MARÍA   *Los odios, las envidias, los orgullos, todo el nidal de pasiones bastardas que aún guarda la naturaleza humana, las acoge Dios con piedad, cuando el fraile ruega por el delincuente, y un culto pueril, lleno de sutilezas monjiles, de innobles farsas, entretiene los ocios de la mujer exigiéndola servilmente el camino del beaterío.

ISABEL   *Nuestros pueblos son un semillero de rencillas, cuentos, calumnias, pequeñas maldades, e ínterin los bienes conventuales aumentan, desde los púlpitos se toma carácter de apóstol, y una enemistad sorda, mezcla de rencor y cobardía, late con rumores de culebra en torno de todos nosotros, cambiando la fe de las almas en repugnante esperanza de recompensas.

MARÍA   Ramón es el centro de todas las iras… ¡si pudiéramos arrancarlo de aquí!

ISABEL   Nuestros miedos de mujer no llegan a su alma: aferrado a su ideal, quiere ser el astro de luz que ilumine con resplandores de progreso su amada Asturias.

MARÍA   ¿Y qué hacer?

ISABEL   Defenderlo, si llega el peligro; después vengarle[13].

---

13. En la 2.ª edición: Defenderlo.

ESCENA XI.

DOÑA MARÍA, ISABEL, DON PEDRO, luego RAMÓN y LUIS y
luego DOÑA BRAULIA y CONSUELO.

PEDRO   (Desde dentro.) Isabel, Isabel, ya llegan.

CHIQUI-   (Entran varios en escena por la izquierda gritando; los chi-
LLOS   quillos se paran al ver a doña María y se van por la derecha.
Aparecen por la izquierda Ramón y Luis en dos caballos
precedidos de un guarda con uniforme de tal; al llegar a la
mitad de la escena desmontan y el guarda se lleva los caballos. Ramón y Luis en elegante traje de camino con botas
de montar.) ¡Los señoriticos! ¡los señoriticos!

RAMÓN   (Abrazando a su madre.) Madre mía. (Dando las dos
manos con mucho cariño a Isabel.) Isabel.

PEDRO   (Entrando.) ¡Hola, los viajeros!

LUIS   (Dando la mano a doña María.) Salud para todos,
(Volviéndose hacia el grupo que forman Isabel y Ramón) y
felicidad para los novios; (A doña María aparte.); ya
me tiene usted aquí, a sus órdenes.

MARÍA   (Aparte a Luis.) Gracias.

LUIS   (A todos.) Hecho un señor abogado.

PEDRO   ¿Conque abogado ya, eh?

ISABEL   Que sea enhorabuena. (Dirigiéndose a doña María.)
Mire usted qué sortija. (Se refiere a una en un estuche
que durante el diálogo que Ramón e Isabel han sostenido,
éste le ha entregado. Luis ínterin pasa a hablar con don
Pedro.)

RAMÓN   Y esta para ti. (Con tono de cariño enfático.)

MARÍA   ¡Hijo! (Con cariño le abraza.)

RAMÓN   Y cuenta que no puedo traerte lo que viene para
Isabel.

PEDRO   Siempre habrás hecho locuras en las tiendas de
Madrid.

LUIS   Le trae a usted…

RAMÓN	(Interrumpiéndole.) Vaya, ¿te callarás?
MARÍA	Dilo tú.
RAMÓN	Pues, es… es…
ISABEL	¿Hablarás?
RAMÓN	Un traje de asturiana.
	(Durante estas palabras, doña Braulia y Consuelo han salido de su casa, quedando a la puerta, y oyen las últimas palabras.)
LUIS	Una preciosidad.
CONS.	(Entrando, aparte.) ¡Una preciosidad! (Alto.) Bien venidos.
ISABEL	(Aparte.) Ya salieron las nubes.
RAMÓN	Salud. ¿Y las novillas, y los maizales?
BRAULIA	Bien… bien…
RAMÓN	(A Consuelo.) Y tú pareces triste; ¿estás mala?
CONS.	Me duele la cabeza…¿Traes las vistas[14] de la novia?
PEDRO	La trae un traje de asturiana.
RAMÓN	Para que lo estrene en la romería de Santa Rita.
CONS.	Me alegro.
ISABEL	(Aparte.) ¡Hipócrita!
RAMÓN	(A Isabel.) ¿Qué tienen tus primas?
ISABEL	(Aparte a Ramón.) Nada; lo de siempre.
LUIS	(Aparte solo.) Sí; una indigestión de envidia con fiebre de convento.

ESCENA ÚLTIMA.

DICHOS y DIEGO, JUANA y GUARDA en el fondo.

DIEGO	(Entrando.) ¿Estorbo?…

14. *Vistas de la novia:* Prendas del ajuar que se intercambiaban los novios antes de la boda.

RAMÓN   Qué has de estorbar hombre; ¿dónde estorba lo bueno? (Con segunda intención.) ¿Qué tal?

DIEGO   Sin novedad; y a usted, a lo que parece, no le fue mal entre nosotros, cuando vuelve.

LUIS   (Aparte.) Si creerá este animal que vuelvo por ellos. (Alto.)

PEDRO   Pues ya lo vé usted, estoy aquí. (Con Isabel, Ramón, Braulia y María, ha formado un grupo como si se conversaran.) Conque a la romería con armas y bagajes.

RAMÓN   Pasado mañana.

CONS.   (A Diego.) Van a la romería, no hay que perder la ocasión.

DIEGO   (A Consuelo.) Enterado.

MARÍA   Donde ahora vamos, es a comer. (A Pedro e Isabel.) ¿Supongo que seréis de los nuestros?

PEDRO   Ésta (Por Isabel.) que vaya; yo tengo que hacer.

MARÍA   (A Braulia y Consuelo.) ¿Queréis venir?

CONS.   No.

BRAULIA   Gracias.

ISABEL   Hasta luego. (A don Pedro.)

DIEGO   (Disponiéndose a marchar.) Apetito y buen humor.

RAMÓN   Si quieres, también coges en la mesa.

DIEGO   Gracias.

MARÍA   (A Luis.) Su brazo, no quiero privar a los novios de su dicha; id delante hijos míos. (Se dan el brazo Isabel y Ramón, yéndose por la derecha; los siguen don Luis y doña María del brazo; don Pedro entra en su casa.)

CONS.   (A Braulia y a Diego.) Todos en la romería; yo ahora voy a ver al Padre Juan.

FIN DEL ACTO PRIMERO

170

ACTO SEGUNDO

A la derecha del espectador una tapia de piedra; en su centro una portilla de hierro de dos hojas, que entre sus labores, tiene con letras grandes doradas, El ESPINOSO. — La tapia parte desde los primeros bastidores al fondo. Por encima de ella se ve asomar el tejado de un edificio bajo, como establo o pajar. — Cuelgan sobre la tapia plantas trepadoras, rosales silvestres, etc.; por dentro del recinto que cierra la tapia, se ven manzanos con fruta. — A la izquierda del espectador, bastidores de bosque. — En el fondo paisaje de rocas y selva, practicable para que en ellas se coloquen comparsas; en último término telón de montañas; el cielo espléndido; bambalinas de fronda en primer término. — En medio de escena, hacia la derecha, un robusto y frondoso castaño; debajo dos bancos rústicos artísticamente colocados; diseminados por la escena algunos grupos de monte, alfombra verde imitando pradera de césped. — El aspecto general de la decoración selvático y risueño, propio de los sitios donde se celebran las romerías asturianas. — Dentro de bastidores, una campana preparada para tocarla cuando se indique. — Es de día. — Preparada entre bastidores una gaita y un tamboril que tienen que sonar lejos, cuando se indique, tocando un aire dulce de tonos montañeses.

171

ESCENA PRIMERA.

PEPA y JUSTO.

PEPA sale con una herrada en la cabeza y cruza desde la izquierda a entrar en "El Espinoso." Al llegar a mitad de escena sale JUSTO con una guadaña de segar yerba.

JUSTO   Mucho se madruga hoy, Pepa.

PEPA   Hola, Justo, ¿vienes al trabajo?

JUSTO   Hasta medio día nada más; hoy es la romería aquí, a la vera de estas praderas, y no pienso ganar más que medio jornal.

PEPA   Por ser hoy la romería ahí, en esa capilla de Santa Rita (Señala a la izquierda; marque la actriz el ademán.) he madrugado tanto; se prepara aquí, en casa de los amos (Señala al Espinoso.) gran merienda, y hemos tenido que empezar temprano la faena. ¿Saldrás al baile?

JUSTO   Pues, claro; saldremos juntos.

PEPA   Si no trabajas más que medio día ¡bah! no perderás el jornal entero, que doña María ya sabes que es generosa.

JUSTO   Ni que lo sea, ni que no...

PEPA   ¡Desagradecido!

JUSTO   Agradecer al diablo es perder el tiempo.

PEPA   Siempre estáis con esas tontadas; pues para mí, quien más paga, más me obliga.

173

JUSTO   Anda, boba, que ésa es condición de perro; ya sabes, menea la cola el can... (Durante el diálogo, la actriz puede, si quiere, haberse descargado de la herrada poniéndola en el suelo.)

PEPA   ¡Ya quisierais vosotros ser muchas veces como ellos!

JUSTO   Gracias por la lisonja...

PEPA   Pues claro; desde hace algún tiempo andan por la aldea más moralidades, que... ¡Dios me perdone! Ni las de los judíos; no quisiera ofenderlos, que son siervos de Dios, pero desde que vinieron los frailes...

JUSTO   Anda, hereje, ¡cómo se te conoce la compañía!...

PEPA   Vete al cuerno.

JUSTO   Conque hasta la tarde, ¿eh?

PEPA   También se armará baile aquí mismo, y desde la casa del Espinoso, (Señala a la derecha.) oiré las panderetas y en seguida a bailar.

JUSTO   Pues anda delante. (Pepa echa andar hacia El Espinoso, y abre la portilla, a tiempo que van a salir por ella doña María y don Luis; Pepa entra y queda junto a la puerta. Justo, en solicitud respetuosa, saluda al ver a doña María.)

ESCENA II.

JUSTO, DOÑA MARÍA, DON LUIS.

MARÍA   (Contestando al saludo de ademán que le hace Justo.) Buenos días, ¿vienes al trabajo?

JUSTO   La yerba de la pomarada esta buena de segar, y conviene recogerla; estamos en octubre.

MARÍA   Deja por hoy la yerba y vete a engalanar para la romería; tú, como todos los mozos que trabajáis

174

	en El Espinoso, tendrás el jornal entero; vengo de ahí, de los establos, de decírselo así a los pastores.
JUSTO	Gracias.
MARÍA	Puedes marcharte, si no prefieres ayudarles a las muchachas a encerrar el ganado.
JUSTO	Iré a ayudarlas. (Se va, entrando en El Espinoso; antes de entrar, aparte.) ¡Qué madrugadores andan éstos! ¿Qué traerán entre manos? (Se va.)
MARÍA	Amigo Luis, en sus manos queda el porvenir de Ramón.
LUIS	Y yo acudí deseando serles útil.
MARÍA	En su poder queda la copia del testamento de mi esposo Monforte, instituyéndome heredera de todos sus bienes.
LUIS	Estimo en lo que vale la confianza *que la he merecido: Ramón es para mí más que un amigo, un hermano; juntos siempre durante el tiempo de nuestros estudios, cimentamos el cariño en bases indestructibles; mi orfandad encontró en ustedes el dulce cariño del hogar; no es al amigo de Ramón, es a su hermano a quien habla*.
MARÍA	Pos eso no vacilé en escribirle que viniera.
LUIS	Sí, aquí la guardo.
MARÍA	No tenía pariente forzoso, y su regalo de boda fue ése.
LUIS	Y por la adopción legal, hecha con todos los requisitos que exige la ley, que en favor de Ramón hizo usted al enviudar, su hijo adoptivo es el único heredero de esa fortuna; también he guardado la copia de ese documento.
MARÍA	Ahora me queda lo más doloroso del secreto; por eso he querido salir a estos sitios, libres de indiscretos. (Se sienta en el banco.)

LUIS	Usted dirá.
MARÍA	Ramón, que legítimamente no tiene padres, pues sólo por esa acta de adopción se titula hijo mío, es, en realidad, el hijo de mis entrañas.
LUIS	¡Ah!
MARÍA	Sí, Luis, hay confesiones crueles, pero necesarias; Ramón va a casarse, es menester que la verdad *cierta* quede al lado de la verdad *legal*.
LUIS	Estoy a sus órdenes. (Se sienta en el otro banco.)
MARÍA	Lo que va usted a oír, debería acaso decírselo a Ramón; pero al declararme su madre tendría que acusar de villano a su padre, y temo herir su noble alma.
LUIS	Lo comprendo.
MARÍA	Hija única, fueron mis padres a establecerse a La Coruña. Tenía yo diez y ocho años; mi madre me idolatraba; mi padre era de áspero genio. Por motivos de un pleito tuvimos que ir a Sevilla, mi madre y yo. Allí conocí a un joven valenciano, a quien negocios de banca traían de Buenos Aires; era todo lo vil de la seducción y todo lo astuto de la hipocresía.
LUIS	Vamos, era un miserable.
MARÍA	Juzgue usted: yo era una niña y le amé. Mimada por mi madre, gozaba de una libertad incompatible con la funesta educación femenina de nuestra época. *Para atesorar el candor que todavía los rutinarios llaman el mejor dote, que viva la mujer en un gineceo; para la vida actual, la mujer, apenas salida de la niñez, debe saberlo todo.*
LUIS	Es cierto.
MARÍA	Sucedió lo preciso: el ángel perdió sus alas, y al poco tiempo comprendí que la corona de la ma-

ternidad iba a oprimir mi cabeza, no con los resplandores del cielo, sino con la lumbre de la vergüenza. Se lo confesé todo a mi madre. Ella buscó al miserable, y cuando esperaba poder borrar con un matrimonio nuestra deshonra, supo que el villano estaba casado en América con una rica anciana...

LUIS   ¡Qué vil!

MARÍA   ¡Veintiocho años hace de esto! ¡Cuánto cambié desde entonces! ¡El mal no tenía remedio! Se ocultó todo, y Ramón fue bautizado con el estigma de hijo de padres desconocidos.

LUIS   ¡Él, un expósito!

MARÍA   Una familia pobre, enriquecida por mi madre, se encargó en Sevilla de la crianza de mi hijo. Volvimos a La Coruña; a poco murió mi madre. En esta situación nos conoció Monforte, que venía de Méjico; se enamoró de mí, y me pidió a mi padre... pero yo era honrada: antes de decir que sí pedí hablar con él a solas, y se lo confesé todo.

LUIS   ¡Noble mujer!

MARÍA   *Mi culpa no me autorizaba a ser infame.

LUIS   *La culpa no era vuestra; era de una sociedad que legisla a ciegas sobre las pasiones humanas.

MARÍA   Monforte era un hombre honrado.

LUIS   ¡Era un alma hermosa! *¡Corazón de niño e inteligencia de hombre.*

MARÍA   Con noble generosidad, me dijo: —Antes la amaba a usted; ahora la amo y la venero; su hijo será también mío.

LUIS   Reconozco a Monforte en ese rasgo. Merecía ser padre de Ramón.

MARÍA   Le educó desde niño... Se hizo nuestra boda, y

salimos para Sevilla; recogimos al niño, y durante dos años viajamos por Europa.

LUIS   En realidad, ustedes son los padres de Ramón...

MARÍA   Así lo creyó todo el mundo cuando volvimos a La Coruña. Ramón tenía tres años.

LUIS   Pero Monforte, que tan generoso era, ¿cómo no se apresuró a reconocer legalmente a Ramón?

MARÍA   ¡Inercias de la vida! Detalles que se agrupan para hacer una montaña de fatalidades en nuestro destino! Monforte pensó hacer el reconocimiento; pero nuestra vida de viajeros, la seguridad de que nadie habría de reclamar el niño... ello es que la muerte le sorprendió.

LUIS   Sí; según me dijo Ramón, fue instantánea. (Levantándose.)

MARÍA   Ramón contaba doce años. Viuda del que para mí lo fue todo, me retiré a esta aldea, patria de los míos; lo demás usted lo sabe.

LUIS   ¿Y nunca volvió usted a saber de aquel miserable?

MARÍA   (Después de vacilar.) Nunca. Antes de morir mi madre, supimos que el villano hizo lo imposible para llevarse su hijo; pero estaba bien guardado. Además, en Sevilla, por causa de nuestro pleito, usábamos uno de nuestros segundos apellidos; él no conocía nuestro nombre.

LUIS   Y no le volvió usted a ver.

MARÍA   (Levantándose.) No. (Saca del bolsillo un pliego en forma de carta abultada, lacrada de negro.) Ahora bien. Aquí está escrito el suceso; además, dos cartas del seductor y un retrato suyo, que bastan para reconocerlo. Para más seguridad, mi propia mano ha escrito al margen del retrato los nombres del padre de Ramón; bastará pasar la vista por todo para saber quién es. (Le da el paquete.)

LUIS ¿Qué debo hacer con esto?

MARÍA Por ahora guardarlo. Mi corazón de madre prevé horas crueles: Ramón está empeñado en una lucha de titán; quiere empujar a la humanidad en la ruta del progreso, empezando por estos rincones.

LUIS Ramón no va por mal camino. *El día en que Asturias se levante de su noche de ignorancia y fanatismo, la aurora de la libertad comenzará a iluminar nuestra patria.

MARÍA Eso es cierto. *Todas las decadencias fueron regeneradas por el septentrión.

LUIS *El núcleo del sol alimenta vivo su fuego porque reaccionan sobre él los fríos del espacio.*

MARÍA Pero Ramón tiene que arrostrar peligros; ya le cercan algunos.

LUIS Ese convento...

MARÍA ¡Ah! Por eso le entrego esos papeles; si algún peligro de muerte amenazara a Ramón, abra ese pliego; su cariño y su inteligencia tomarán la resolución conveniente.

ESCENA III.

DICHOS, JUSTO, va a salir por la portilla del Espinoso, y al ver a doña María y Luis, se vuelve a entrar, acción que ha de ser bien notada por el público.

JUSTO (Desde la portilla.) Aún están aquí. (Entra.)

LUIS (A doña María.) Confiad en mí.

JUSTO (Desde lo alto de la tapia, por donde asoma la cabeza entre los rosales.) ¿De qué hablarán? Si es algo que merece la pena, se lo diré a Diego. (Esto figura dicho aparte.)

MARÍA Y si por fortuna la vida de Ramón se desliza en

apacible dicha, os autorizo para entregar ese pliego a su esposa.

LUIS   Este secreto será un lazo más de cariño entre nosotros.

MARÍA   Sólo un cariño de hermano es capaz de decirle a Ramón, sin dañarlo, que es un expósito.

JUSTO   ¡Ah! (Aparte.)

LUIS   En efecto, es horrible para un hombre que se creyó hijo de noble y honrada familia, saber que es hijo del acaso.

JUSTO   (Aparte.) ¡Hola! Ramón expósito.

MARÍA   Y la verdad es ésta.

LUIS   No importa; conozco a Ramón y sé que hay en su alma energías de buena ley.

MARÍA   Triste es el caso, mas precisa aclararlo. *Pedro ya sabe usted lo que es respecto al honor del hombre, y para convencerle que consienta en la boda, es menester que todos estemos preparados, Ramón el primero.*

LUIS   Descuide, doña María, en mi discreción y en mi prudencia. (Se van los dos por la portilla de El Espinoso. — Pausa.)

ESCENA IV.

JUSTO, RAMÓN, SUÁREZ el arquitecto y LUIS.

JUSTO   (Sale por El Espinoso.) ¡Conque nada menos que el señor don Ramón Monforte y Noriega, hijo de la inclusa! ¡Menuda polvareda que se va armar en el pueblo! Corramos a decírselo a Diego, antes de que nos ganen la mano. (Se va por la izquierda corriendo. — Entran por el fondo hacia la izquierda, Ramón y el arquitecto, a tiempo que sale por la portilla Luis.)

180

RAMÓN   (A Luis.) Buenos días.

LUIS   (A los dos.) ¿De vuelta ya de los trabajos?

RAMÓN   Aquí estamos después de un delicioso paseo matinal.

LUIS   Y de inspección… ¿eh?

RAMÓN   ¡Qué obra tan magnífica! ¡Qué obra, Luis! (Dándole golpecitos sobre el hombro.)

LUIS   Lástima que esté por estos andurriales.

RAMÓN   Tu lamentación de siempre.

SUÁREZ   Conque, señor Monforte, si no manda otra cosa, me retiraré.

RAMÓN   Estoy completamente satisfecho; pero no se olvide, señor arquitecto, de que los letreros de los *chalets* se vean bien desde el convento.

SUÁREZ   Así será; con letras doradas ostentarán los pórticos: "Escuelas." "Hospital para niños." "Asilo de ancianos." Y así en todos los edificios.

LUIS   Los nombres de la caridad humana, frente a la casa divina

RAMÓN   Donde sólo dice: "Convento de San Francisco."

SUÁREZ   Comprendido; esas construcciones cuyo planeamiento acaba usted de ver, tienen que ofrecerse como enseñanza elocuente de la inutilidad del convento.

RAMÓN   Justo.

SUÁREZ   Pues a sus órdenes.

RAMÓN   Id con Dios, y ya sabéis: para dentro de quince días, la inauguración; quiero que mi amada Isabel tenga digno marco a sus virtudes; que sea el acto espléndido.

SUÁREZ   Convenido. (Se va por la izquierda.)

ESCENA V.

LUIS y RAMÓN[15].

LUIS   Lo repito, y lo repetiré mientras viva...

RAMÓN   Y yo tenga paciencia para escucharte, ¿verdad? He aquí tu queja eterna. ¡Todas esas obras escondidas en estas montañas, entre semisalvajes, a mil leguas de distancia por los difíciles medios de comunicación!... Un paréntesis. (Cambia aquí de tono.) Te advierto que pienso hacer un ferrocarril funicular. Y entonces verás a los extranjeros venir a extasiarse con esta grandiosa y feraz naturaleza... Cierro el paréntesis. (Vuelve al tono anterior.) Obras perdidas para la vida culta, inteligente...

LUIS   (Interrumpiéndole.) Representando un capital enorme, muerto, inútil para la industria, para el comercio, para el esplendor de las ciencias y de las artes, de la civilización actual...

RAMÓN   (Interrumpiendo y con tono de fingida declamación.) Y colorín colorado, mi cuento se ha acabado.

LUIS   (Algo picado.) Y no es bastante lo dicho.

RAMÓN   (Con cariño.) Ven acá, espiritu *práctico*, escéptico, sumamente *fin de siglo*.

LUIS   ¡Hecha, hijo!...

RAMÓN   Ven acá, epicúreo contemporáneo...

LUIS   (Semi enfadado.) ¡Mira, tanto como eso!...

RAMÓN   (Doctoralmente.) Epicúreo *honrado*... ya sabes que los hay de buena y de mala raza; conste que perteneces a los que tienen un poquito de corazón.

---

15. [Nota de la autora] Es la escena tesis del drama; cuiden los actores de ensayarla con cariño.

LUIS   Ya escampa.

RAMÓN   Y dentro de él una miajita de amor.

LUIS   ¡Ingrato!

RAMÓN   Del cual, como tu único amigo, soy poseedor, a medias con aquella rubia de Madrid, que al fin te hará pasar por el confesionario, y por el sacramento...

LUIS   (Amoscado.) Y bien, pasaré, hombre, como el que pasa por un mal rato, sin darle otra importancia.

RAMÓN   Con lo cual, aumentarás incautamente el número de los rutinarios...

LUIS   (Imitando el tono de Ramón.) Y maldito lo que sale perdiendo ni ganando la humanidad.

RAMÓN   Conforme, si la humanidad no se formara de individuos.

LUIS   ¡Por uno!...

RAMÓN   Uno; Luis, es *uno:* (Con seriedad cariñosa.) Es el atomillo sutil, impalpable, invisible; pero, el atomillo que se junta a otros átomos para sumarse haciendo la molécula, que a su vez forma el núcleo. *Uno,* un individuo de la humanidad, lleva en sí una parte de ella; si se vuelve inerte, es posible que extienda la paralización a los extremos; si se gangrena, puede inficionar el conjunto, de la misma manera que el atomillo microscópico que circula por los cuerpos orgánicos, corrompe y paraliza todas las funciones, cuando se arrastra inerte o podrido por el torrente sanguíneo...

LUIS   ¡Intransigente!...

RAMÓN   No; acaso más *positivo* que tú, pero menos egoísta.

LUIS   Y siguen las adulaciones.

RAMÓN   ¿Y, a qué te he de adular? si te estimo con afecto de hermano, *¿no es justo que la verdad cruce de tu cerebro al mío con la casta desnudez de diosa mitológica?

LUIS   Pero, en resumidas cuentas, no has dicho nada que confirme la necesidad de esas obras, en las cuales te vas a gastar un par de millones por el gusto de hacer rabiar a los frailes.

RAMÓN   (Con serenidad,) Pequeña fuera en verdad mi alma, si para tal satisfacción gastase una fortuna; ¿de veras me crees tan ruin?

LUIS   No, Ramón, no: (Con cariño) pero me apena mucho verte obcecado en tus ideas, un tanto románticas y fuera del medio en que vivimos.

RAMÓN   (Desde aquí con tono grandilocuente.) ¡El *medio* en que vivimos! ¡ese *medio* es la causa de nuestra asfixia moral y física! ¡el ciudadanismo moderno, deslumbrante al exterior, por dentro agusanado! *Cogidos por el engranaje de esa vertiginosa máquina llamada *gran ciudad,* miles de seres han formado una sociedad de convencionalismos, donde la lucha por la existencia pierde su carácter de racional para convertirse en pugilato de fieras disfrazadas con máscara de virtudes... ese medio donde las grandes ideas se achican por el interés del lucro!...

LUIS   Hay excepciones.

RAMÓN   *(Sin hacerle caso.) ¡Donde toda virtud austera sucumbe entre las carcajadas de un montón de envidiosos y de necios! ¡donde todo sentimiento espontáneo, generoso, redentor, altruista, toma el camino de la miseria o del manicomio!...

LUIS   ¿Y aquí en estos pueblos?...

RAMÓN   Aquí, desgraciadamente, la mayoría de los que llegan de allá traen sólo lo malo.

LUIS	Pues, entonces...
RAMÓN	Se hace preciso que algunos traigan lo bueno... *Nuestra población rural está sumida en la ignorancia más espantosa, en un atraso moral repugnante. Creo de necesidad que la *Escuela,* la *Granja modelo,* el *Instituto industrial* con el *Hospital* y el *Asilo,* se levanten en nuestros campos como templos benditos, donde el pueblo español empiece a comulgar en la religión del racionalismo... Soy rico, joven, feliz: ¿será bien que vaya a aumentar la hueste del vicio y de la vanidad?...* Mi sitio es éste, debo ser útil a mis compatriotas: mi inteligencia y mis riquezas deben sembrar de beneficios el solar de mis mayores.
LUIS	Pero...
RAMÓN	¡Ah! Luis, a través de tu *ateísmo práctico* tengo seguridad que apruebas mis acciones.
LUIS	Porque son tuyas y te quiero de veras; mas te juro que me espanta mirarte envuelto en esta mísera lucha de los villorrios.
RAMÓN	Lucha que hasta el presente no me alteró.
LUIS	Pero, acaso te alterará si entran los frailes en la contienda.
RAMÓN	He ahí la última prueba de lo que antes decía; (Señalando hacia la izquierda último término. El tono de la conversación vuelve a ser familiar.) Mira qué convento se han construido; el instinto de conservación de la Iglesia la dice que aquí está el porvenir. *¡Oh! todas las almas firmes en un carácter progresista, debieran unirse para ofrecerla la batalla!...*
LUIS	Pues lo que es de tus obras, bien puedes estar satisfecho.

185

RAMÓN   Hemos de ir a verlas...

                 *Cinco *chalets* de forma suiza, arquitectura rústica, líneas truncadas por las graciosas curvas de la vegetación trepadora.

LUIS   *Es la construcción más a propósito para este país.

RAMÓN   *Rodeándolo todo parques espaciosos, salutíferos bosques de pinos; la Naturaleza prestando sus bellezas a la obra humana.

LUIS   Concluirás por hacer de la aldea de Samiego un modelo de ciudad futura.

RAMÓN   Y del concejo una región civilizada.

LUIS   Y ¡echa millones!

RAMÓN   *¿Y qué haría con las inmensas rentas que me vienen de Méjico? Ya sabes que mi padre fue lo que aquí se llama un rico indiano.

LUIS   *Sí; el que emigra y vuelve hecho millonario.*

RAMÓN   Pues aún tengo otro proyecto, si tú quieres, un poco audaz, pero que mata de un golpe la mayor superstición y la mayor desidia.

LUIS   Veamos.

RAMÓN   (Se lleva hacia la izquierda a Luis) ¿Ves esa ermita?

LUIS   Sí; es la de Santa Rita, patrona del concejo, y una especie de *Sancta Sanctorum* para Samiego, que la hace tres romerías.

RAMÓN   Justo; ya sabes que al pie de la ermita hay un manantial de aguas medicinales, de cuya virtud me aseguré por análisis químico, aguas que creen milagrosas estos inocentes.

LUIS   ¡Vaya! Si la fuente es una peregrinación.

RAMÓN   Pues bien; tengo en tratos de compra con el obispado, la ermita y los terrenos adyacentes; doy una fortuna por todo.

LUIS   Pues, cuéntalo por tuyo.

RAMÓN   En cuanto sea mío, ¡zas! (Une la acción de derribar, a la palabra.) al suelo la ermita; en su lugar, el sepulcro de mi familia, la fuente encañada en elegante kiosco, y al lado, una casa de salud con todos los adelantos modernos; ¿qué te parece?

LUIS   Que al fin y al cabo vas a conseguir que te quemen vivo.

RAMÓN   ¡Pasaron ya aquellos tiempos!

LUIS   Allá en el centro, sí; aquí, en los extremos, aún colean.

RAMÓN   Ya verás... ya verás...

ESCENA V.

RAMÓN, LUIS, DON PEDRO e ISABEL vestida de aldeana de Asturias, con lujosísimo traje, de seda todo, y cargado el pecho de cadenas y joyas de oro sólo; grandes arracadas; cuídese de la propiedad.— Los trajes de Luis y Ramón, de campo, elegantes; ídem, más serio, el de don Pedro.

PEDRO   (Presentando a Isabel a Ramón.) En vista de que el señor novio no acudió por su prometida, vengo yo a traérsela.

RAMÓN   (Volviéndose con sorpresa.) ¡Don Pedro!...

LUIS   ¡Paso a la aldeana modelo! (Con galantería.)

RAMÓN   ¡Hermosa mía! (Con pasión.)

ISABEL   (Dando vueltas delante de Ramón para que la vea bien.) ¿Te gusto?

RAMÓN   ¡Cielo del alma! Si al mirarte parece que he salido ya de este mundo dejando en él todas las penas. (Durante este diálogo Luis y don Pedro figura que hablan.)

LUIS   (A todos.) Conque dentro de unas horas estaremos ya en plena romería. (Durante estas palabras han empezado a bajar por los peñascales del fondo algunas parejas de aldeanos en trajes del país; al llegar a escena forman grupos; suenan las panderetas que ellas traen y se mueven con el agrado de quienes están de fiesta; cuídese de ensayar perfectamente a los comparsas, de modo que el escenario ofrezca la animación de una romería campestre de Asturias.)

PEDRO En lo de siempre: bailes, comilonas, alguna borrachera y con frecuencia reyertas.

ESCENA VI.

DON PEDRO, ISABEL, RAMÓN, LUIS; DOÑA MARÍA, DIEGO, DOÑA BRAULIA, CONSUELO, TÍA ROSA, JUANA, DIONISIA, PEPA, MANUEL, ROQUE, JUSTO, Varias voces.— Comparsas, hombres y mujeres del pueblo, chiquillos, algunas mujeres con cestas de manzanas y otras con roscones metidos en el brazo, que compran los aldeanos; la tía Rosa pone una mesita pequeña en el fondo, donde despacha botellas de sidra que compran algunos y destapan con ruido, bebiéndolas en vasos que también pone en la mesa la Tía Rosa.— Todas estas acciones y movimientos simultáneo con el diálogo de los actores, que estarán en primer término, según se indique; cuídese que el ruido no interrumpa la representación.

MARÍA (Entrando por El Espinoso) Ya estamos aquí todos. (A Isabel.) Venga usted acá, espléndida aldeana; ¿será menester que bailes con alguno de montera y calzón corto? (Detrás de María, Pepa entra.)

RAMÓN Vaya si bailará; quiero que sea la reina de la fiesta. (Braulia, Consuelo, Diego y Manuel conversan en segundo término.)

PEDRO (A Luis.) Y vaya usted atando cabos, amigo Luis, con las ideas de mi futuro yerno; todo un librepensador, anticatólico y casi hereje, festejando

188

como el primero la romería de una santa. ¿Eh?
(En tono de broma.)

LUIS ¡Como es la santa abogada de los imposibles!

RAMÓN ¡Vaya, don Pedro; no sea usted burlón al estilo metafísico! Ya sabe usted que yo no acudo a la romería sino por lo que tiene de popular; se olvida usted que soy un buen republicano.

PEDRO Supongo que no te habrás enfadado por la broma.

ISABEL ¡Qué se ha de enfadar Ramón con usted!

MARÍA Pedro, mi hijo ya sabes lo que quiere: hacerse simpático al pueblo.

LUIS Levantarle hasta las superioridades de la inteligencia. (Braulia, Consuelo y Diego, ponen atención.)

PEDRO Sí, sí; una obra verdaderamente de romanos. ¡Demasiado grande para la vida de un hombre! (Suena la gaita lejos.)

RAMÓN Otros seguirán donde yo termine.

ISABEL ¿Empezamos, como siempre, la misma cuestión? Vamos al baile. (A Ramón, cogiéndose de su brazo.)

RAMÓN Vamos. (Se van por la izquierda.)

CONS. (A las aldeanas y aldeanos agrupados a su lado, entre los que están Juana, Dionisia, Pepa, Manuel, Roque y Justo.) Bailemos aquí nosotros. ¡Al corro! ¡Al corro!

VOCES ¡Al corro!... ¡Al corro!... ¡A la giraldilla[16]!... (La colocación de los personajes y comparsas, es como sigue. A la derecha, doña María, don Pedro, Luis y doña Braulia mirando la formación del baile; en el fondo, sobre las peñas, algunos chiquillos; a la izquierda, grupos de aldeanos y aldeanas mirando también el baile; en el centro,

16. *Giraldilla:* Baile popular de Asturias que se ejecuta en compás binario.

pero en segundo término, se forma un corro; las mujeres agarradas de las manos, los hombres dentro del corro; le forman, Consuelo, Juana, Dionisia, Pepa y otras dos aldeanas más; en el centro del corro, Diego, Roque, Manuel, Justo y otros dos aldeanos más; hombres y mujeres cantan en coro a voces solas una canción cuya música dará la autora al final de la obra y cuya letra es:)

CORO

Estando la paloma
en su palomar,
vino un palomo hermoso,
la quiso llevar.
No se va la paloma no;
no se va la paloma, no.

(Cantan de modo que los dos primeros versos coincidan con las vueltas del corro y los restantes bailando cada aldeana con su aldeano; al empezar a cantar el corro, la gaita y el tamboril cesan de tocar. Copla y baile son sumamente populares en las montañas de Asturias, donde ha tenido ocasión de oírla y verla la autora.)

RAMÓN   (Entra por la izquierda con ademanes descompuestos y detrás Isabel.) ¡Miserables; no querer bailar contigo!

ISABEL   ¡Calma, por Dios!

LUIS   (Se acerca a Ramón, seguido de don Pedro, doña María y Braulia. En segundo término el corro sigue dando vueltas, pero sin cantar.) ¿Qué te pasa?

ISABEL   Nada, una tontería; Ramón ha querido que bailáramos la danza ahí abajo y así que entramos en ella dejaron de bailar todos.

RAMÓN   Y se fueron haciéndonos una ofensa inusitada en las sencillas costumbres de la aldea.

ISABEL   Alguien murmuró no se qué de herejes.

RAMÓN   Isabel tuvo habilidad para sacarme de allí; pero yo les juro... (Acción de amenaza.)

PEDRO   No hagas caso, gente zafia.

RAMÓN   No, no; obedecen a una consigna.

LUIS   Y bien, ¿aunque así fuera? (La gaita y el tamboril vuelven a tocar, pero desde muy lejos, de modo que no llegue a escena sino un rumor.) En estando preveni-do... se tiene prudencia.

RAMÓN   ¿Prudencia o cobardía? Dame la mano, vamos a bailar ahí. (Señala al corro.)

ISABEL   ¡Por Dios, Ramón, si sabes que es una consig-na!... (Se resiste a seguirle.)

RAMÓN   Sígueme, Isabel, que se descubran de una vez; es menester contar los enemigos.

MARÍA   Ramón, hijo mío.

PEDRO   El pueblo es como el mar: inconsciente.

RAMÓN   (Con energía.) Pero la inteligencia humana ha sa-bido vencer las brutalidades del océano.

ISABEL   Ramón...

RAMÓN   Vamos...

LUIS   Si te empeñas, cuenta con uno más. (Se va detrás de ellos hacia el corro. El corro comienza a cantar la segun-da copla; la gaita calló.)

CORO   Si se va la paloma
              ella volverá.

       . . . .

(Ramón empuja a Isabel al corro; ésta coge de la mano a Consuelo, procurando entrar en el corro; en el mismo ins-tante el corro se deshace y todos se separan fríamente de Ramón e Isabel, volviéndoles las espaldas. Doña Braulia ha pasado a la izquierda con don Pedro, quedando doña María a la derecha.)

RAMÓN   (Con ira.) ¿Qué es esto? ¿por qué no bailáis?

ISABEL   (Aparte.) ¡Miserables! (Alto.) Estarán cansados...

RAMÓN   (Con violencia, cogiendo de la mano a Juana e intentando enlazarla con la de Isabel.) ¡Vamos, a formar el corro!...

JUANA Yo no bailo con herejes. (Se deshace de la mano de Isabel y se pone al lado de doña Braulia.)

PEPA (Pasando también a la izquierda.) ¡Con judíos!...

MANUEL (Pasando a la izquierda.) ¡Con endemoniados!...

VOCES Que bailen solos... (Quedan en medio de escena solos Ramón, Diego, Isabel, Consuelo y Luis.)

RAMÓN ¡Ah, viles!

LUIS (A Ramón.) Calma. (A Consuelo.) ¿Quiere usted bailar conmigo? (Doña María sola a la derecha; en la izquierda y al fondo todos los personajes; en último término los comparsas. Escena que ha de estar perfectamente ensayada)

CONS. (A Luis.) Gracias; no lo permite mi conciencia.

RAMÓN (A Consuelo.) ¡Insolente!

DIEGO (A Isabel.) Nosotros no bailamos con amancebados...

RAMÓN (Dando un bofetón a Diego.) ¡Canalla! (Confusión en la escena, que tenga gran carácter: los chiquillos corren; las aldeanas se arremolinan al lado de doña Braulia; los hombres se precipitan sobre Ramón y Diego, que están dos segundos luchando agarrados; por fin don Pedro y Luis consiguen separar a Ramón, sujetándolo y trayéndolo a la derecha, en donde quedan formando grupo Ramón, don Pedro Luis, Isabel y doña María. Roque, Manuel y Justo, sujetan a Diego en la izquierda de la escena, algo en segundo término, están doña Braulia, tía Rosa, Consuelo y detrás grupo de aldeanas. Consuelo cerca de Diego.)

RAMÓN (A Luis y don Pedro.) ¡Miserable! ¡dejadme que le arranque la lengua!

LUIS (Sujetándole.) ¡Vive Dios, tendrás calma!

PEDRO Por Cristo, cálmate, que ya habrá lugar de castigarle!... (Sujetándolo.)

192

Los estudiantes parlamentando con la Guardia Civil después del tiroteo
sobrevenido durante la manifestación. (Foto *ABC*)

DIEGO	He ahí cómo arregláis vosotros, los impíos, todas las cuestiones; a puñetazos.
CONS.	(A Diego, sujetándolo.) Basta, Diego, ni una palabra más; ¿lo oyes?
DIEGO	¡Ah! es que el infame me cruzó la cara, y, ¡yo le juro! (Amenazándole con el puño.)
CONS.	(A los hombres que sujetan a Diego.) Lleváosle... pronto.
DIEGO	(Forcejeando.) Sin matarle, ¡no!...
CONS.	¡Vete, Diego, basto yo para darle el golpe de gracia! (Los aldeanos que sujetan a Diego se lo llevan a viva fuerza.)
RAMÓN	(A Isabel.) Y esas mujeres, parientas vuestras, le están defendiendo...
PEDRO	(Procurando llevárselo hacia El Espinoso.) ¡Vamos! terminemos este disgusto.
MARÍA	¡Hijo! (Procurando llevársele.)
RAMÓN	¡Terminarse, si ahora empieza!
LUIS	¡Calma!
ISABEL	Diego es el novio de Consuelo, y la ofendiste! (Consuelo, que se ha venido con su madre hacia la derecha, como si hablaran con otras aldeanas de lo ocurrido, presta atención a estas palabras de Isabel.)
RAMÓN	Su novio o su querido. (Consuelo oye este insulto, y se vuelve rápidamente, quedando en frente de Ramón.)
ISABEL	(A Ramón, viendo que Consuelo oyó el insulto.) ¡Silencio, por Dios!
CONS.	(Con tono insultante.) No tanto, señor... Expósito.
PEDRO	(Volviéndose rápidamente.) ¿Qué dice esta mujer? (Expectación en todos los personajes; a la derecha, doña María, Luis, Isabel y Ramón; en el centro, don Pedro y Consuelo; a la izquierda, Braulia, tía Rosa, Juana, Dionisia, Pepa y Roque; en el fondo, grupo de aldeanos; sobre los peñascales, dos o tres aldeanos en expectativa.)

RAMÓN   (Con asombro; situación encomendada al actor.) ¡Expósito yo!

LUIS   (Aparte.) ¿Qué es esto?...

ISABEL   ¿Pero qué dices ? ¿Estás loca?

BRAULIA   ¿Que qué dice? La verdad; ese hombre no tiene padres.

RAMÓN   ¿Que no tengo padres?... (Abrazando a su madre.) ¡Madre mía! ¡Lenguas de víbora! Pronto, recoged ese grosero insulto.

MARÍA   ¡Dios mío!

LUIS   (A Ramón.) Serénate.

RAMÓN   Sereno estoy, ¿no ves que hablo?

PEDRO   Braulia, el acaloramiento de una cuestión baladí, no es razón bastante para lanzar ese estigma de deshonra que cae sobre Ramón; sed nobles; decid que habéis mentido.

CONS.   ¡Mentir! No creímos mentir.

BRAULIA   En cuanto a la verdad, que la diga María.

RAMÓN   ¡Yo expósito! ¡Pero de dónde sale esta calumnia! ¡Qué monstruos de infamia se han desatado en contra mía!

LUIS   (Aparte) ¡Qué va a pasar aquí! (A Isabel, aparte.) Ayudadme, es necesario que Ramón me siga...

ISABEL   Braulia... Consuelo... Sois de nuestra propia sangre; en nombre de tan sagrado lazo, olvidemos este suceso; vámonos, dejemos a Ramón tranquilo, tranquilicémonos nosotras. (A don Pedro.) Venid, padre.

RAMÓN   (Poniéndose delante de ella.) ¡No! No se marcharán de aquí sin que esta horrible sombra que se extendió en mi frente se disipe del todo.

LUIS   Ramón, es inútil; las calumnias no se combaten, se desprecian.

RAMÓN   ¡Por eso estamos todos roídos por la calumnia! ¡Yo la venceré, aunque me cueste morir!

MARÍA   ¡Morir tú!

RAMÓN   ¡Ah! madre, ¿no oíste a esas mujeres?...

MARÍA   ¡¡Hijo mío!! (Frase a cargo de la actriz.)

RAMÓN   ¿Lo estáis oyendo? ¡no llega su amor de madre hasta el abismo de odio en donde laten vuestras almas!

PEDRO   María, tus palabras nos han devuelto la calma. (A Consuelo y doña Braulia.) Espero que en lo sucesivo sabréis reportaros.

BRAULIA   Cuando se aclare sin dudas el misterio.

CONS.   Cuando María nos pruebe que es madre de Ramón.

MARÍA   ¡Jesús! (Se tapa la cara con las manos.)

RAMÓN   Lo habéis oído, madre. ¿Dicen que soy expósito?

MARÍA   ¡Mintieron!

RAMÓN   ¡Lo oís!

PEDRO   No prolonguemos más estas horribles horas.

CONS.   Pruebas.

BRAULIA   Sí; pruebas.

LUIS   ¡Basta, vive Dios!

CONS.   ¡No... no basta! ¿Queréis que mi madre y yo pasemos por calumniadoras? Somos el blanco de todo el concejo, mañana se dirá de nosotras; ahí van las maldicientes, las embusteras.

BRAULIA   Todos están prestando atención a cuanto aquí pasa... ¿Qué contestaremos nosotras?

PEDRO   ¡Que habéis mentido!

CONS.   Cuando se nos pruebe.

RAMÓN   (A su madre con vehemencia.) ¿No las oyes? ¡Dicen que no eres mi madre, que no tengo padre! ¡Que soy un hijo del acaso, del vicio, o del crimen! ¡Algo que se arroja al montón anónimo de la humanidad! ¡Un desecho de la vida, que lo mismo puede llevar en sus venas la sangre de un héroe, que la sangre de un asesino!... Habla, madre, diles que no es verdad.

PEDRO   Habla, María, que caiga el desprecio sobre las calumniadoras.

LUIS   Y aunque así fuera...

RAMÓN   ¡Diles que no es verdad; pruébales que hay en mi alma herencias de la honradez de mi padre, y de las virtudes tuyas; diles que sobre mi cabeza se alza algo inmortal, la legitimidad de la descendencia! ¡Háblales de mi raza, de tus padres, de mis abuelos, de ese código sagrado de nuestra especie, en donde se afirman las leyes de selección[17]...! ¡Madre, pronto!

LUIS   (A María, aparte.) ¡Valor, callad!

PEDRO   Sí, María, habla; nos obligan a descender a tan miserable defensa.

RAMÓN   ¡Pero no hablas! (Separándose las manos de la cara.) ¡Y estás llorando!

BRAULIA ¿Se necesitan más pruebas que su silencio y sus lágrimas?

ISABEL   (Con un movimiento rápido pasa al lado de Ramón, cogiéndole una mano y poniéndole otra en el hombro.) ¡Ramón!

LUIS   (Le coge la otra mano a Ramón.) ¡Tienes en mí un hermano!

ISABEL   ¡Y en mí una esposa!

LUIS   Esas mujeres no mintieron.

PEDRO   ¡Expósito! ¡Él!

---

17. La autora conocía sin duda la obra de Darwin *El origen de las especies por la selección natural* publicada en 1859.

RAMÓN   ¡Yo! (Con distinta entonación del anterior.) ¡Yo!

BRAULIA   ¿Calumniábamos?... (Ramón cae desfallecido en el banco; movimiento de expectación en todo el personal del escenario.)

CONS.   ¡Un miserable expósito, a quien la caridad dio una familia! (Con desprecio.)

MARÍA   (Enérgicamente.) Mientes, infame; Ramón tiene padres...

RAMÓN   (Levantándose.) ¡Por fin hablaste!

CONS.   (Fríamente.) Pruebas.

MARÍA   Las tendréis todas.

PEDRO   ¿Su padre?...

LUIS   (A doña María con energía, aparte.) ¡Prudencia, por Dios!

ISABEL   (A su padre.) No sea usted cruel.

LUIS   Esto es forzoso que termine.

RAMÓN   (Cogiendo una mano a su madre.) ¡Basta ya de piedades! Te debo cuanto soy; tu caridad hizo de mi vida un poema de felicidad, pero hay algo más grande que la dicha, ¡necesito un nombre! ¡una verdad civil, ante la cual enmudezcan los maldicientes! ¡mi alma ha sido débil al dolor, pero no lo será a la verdad! ¡quiero saberla, saber quién soy! ¡sobre mi vida social no puede haber sombras, la sombra casi siempre oculta el crimen! ¡que resplandezca la verdad como luz abrasadora! ¡si quema nuestras dichas, las lloraremos perdidas, pero no sacrílegas! ¡cuando las venturas humanas son incompatiles con la verdad, se las arroja a un lado! (Rechazando a Isabel, que pasa a la derecha, al lado de don Pedro.)

ISABEL   (Al irse con su padre.) ¡Ramón mío!

RAMÓN   He ahí a tu padre, al noble de abolengo ilustre, de jerarquía sin tacha; sepamos si puedo ofrecer al vástago de su nobleza un apellido honrado. (A su madre.) ¡Pronto, hablad!

MARÍA   Tienes madre.

RAMÓN   ¿Quién fue mi padre?

MARÍA   No, no me preguntes más, no puedo decírtelo.

PEDRO   ¿Pero Monforte adoptaría a Ramón? ¿Habrá documentos legales? ¿Si no por la naturaleza, por la ley será hijo vuestro?

LUIS   Existe en mi poder el documento de adopción que hizo doña María después de enviudar.

ISABEL   ¡Dios mío!

MARÍA   Ramón lleva mi nombre.

CONS.   ¿Necesitáis más pruebas?

RAMÓN   No; me bastan. Os debo una gratitud inmensa: la del huérfano que encuentra a su madre. (Abraza a doña María.)

BRAULIA   ¿Qué dice?

CONS.   Tu madre es adoptiva. En realidad no la tienes.

RAMÓN   (Desde este momento hasta la terminación del acto, el actor ha de ir creciendo en entonación hasta concluir en tono completamente dramático.) Para vosotros, todos los que me estáis oyendo, para ese tropel de los que nada valen, por sí solos, para esa masa informe, que es el légamo de la vida, está la ley, que os obliga a reconocerla por mi madre. Para mi corazón (Pasándola un brazo por los hombros.) existe su cariño, hablándome al alma con el ejemplo de sus virtudes sublimes. ¡Tengo madre!

MARÍA   ¡Bendito seas!

LUIS   Bien, Ramón.

RAMÓN   ¡No soy expósito, miserables calumniadoras!

BRAULIA   (A don Pedro.) ¿Y consentirás la boda de Isabel con ese hombre?

CONS.   ¿Será el primer bastardo que cruce su sangre

con la nuestra? (Los personajes forman un semicírculo, cuya derecha ocupan María, Luis y Ramón, y cuya izquierda Braulia, Consuelo y don Pedro e Isabel.)

RAMÓN   Isabel, un Noriega vuelve a ser tu prometido esposo; mi conciencia de honrado se afirma en el apellido de una santa. ¡Soy digno de ti!

PEDRO   ¡Con una legitimidad dudosa! ¡Un acta de adopción! ¡Nunca! Con mi consentimiento, no serás esposo de Isabel.

ISABEL   ¡Padre! (Con desesperación.)

PEDRO   (Con doloroso acento.) ¡Oh, te amo mucho, hija mía; pero el código del honor oprime las ansias de mi corazón! Eres el último vástago de una ilustre descendencia. Serás esposa de Ramón, porque tu voluntad es más fuerte que mi vejez; pero jamás la santidad de mis canas bendecirán tu matrimonio.

CONS.   ¡Ateísmo y bastardía! Son demasiadas sombras para los nuestros.

PEDRO   ¡Consuelo, rechazo esas palabras, que son impías! (Con indignación.)

RAMÓN   (Con sarcasmo.) ¡Bien pronunciadas están! Dejadlas dichas. ¡Ateo y bastardo; pero no hipócrita ni cruel!

MARÍA   ¡Hijo mío!

ISABEL   ¡Ramón!

RAMÓN   ¡Ateo y bastardo! ¡A plena luz! ¡Bajo la limpia bóveda del cielo! (A su madre y Luis.) ¡Oh! No temáis que abusando de su debilidad descienda a los insultos personales. ¡Ésas son las armas de los cobardes!... (A todos.) Voy a hablaros de mí. (Se adelanta en medio de todos en actitud de reto.) Madre, a mi lado; Luis, ven aquí; ahora ante mi hogar; (Se colocan los tres delante de la puerta del Espinoso.) ha llegado el momento de la defensa y del ataque.

ISABEL ¡Oh! Ramón, yo a tu lado, a tu lado hasta la muerte.

RAMÓN Isabel mía; aunque bastardo, mi brazo te defenderá.

PEDRO ¡Isabel! ¡Dios no consiente la felicidad de los hijos rebeldes!

ISABEL ¡El amor de las almas no busca sólo la dicha!

RAMÓN Seremos dos para sufrir la desgracia. Vosotros allí, delante de vuestros ídolos, que ha llegado también la hora de defenderlos. (Los personajes quedan: don Pedro, Braulia, Consuelo y todos los aldeanos y aldeanas agrupados a la izquierda; Luis, Ramón, Isabel y doña María, a la derecha.) Aquí los ateos, el bastardo; ahí, los hipócritas, los crueles; ¡que la discordia encienda su tea en medio de nosotros!

VOCES ¡Fuera los herejes! (Consuelo hace ademán de detenerlos a todos.)

RAMÓN Hasta ahora, escuché vuestros aullidos de fiera con una piedad tiernísima; me figuraba penetrar en vuestros cerebros, colindantes con el del oso de las cavernas; los veía débiles luchando con el peso de un dogma que se impuso a la familia humana con la violencia del tormento. Veía en vuestra espantada fe de ignorantes los restos sombríos de las calcinadas hogueras inquisitoriales, cuya imagen se levanta en vuestro pensamiento como herencia de salvajes idolatrías.

VOCES ¡Fuera!... ¡Fuera!...

CONS. Silencio, oídle hasta el fin; recojamos armas para nuestra causa.

MARÍA ¡Hijo!

200

RAMÓN (Sin hacerles caso.) *Todo el pasado tenebroso e impío, le veía yo estampado en vuestras rudas inteligencias, momificadas en un quietismo de sepulcro, al desarrollarse lejos de toda civilización... Antes, al sentir vuestros anillos de culebra procurando estrujar mis ideales, sonreía como padre amoroso ante las malicias de travieso niño.

CONS. (Conteniendo a todos.) Calma, calma.

RAMÓN Con la dulzura del apóstol, con la serenidad del mentor, llevaba a vuestros hogares el aura fecunda de la libertad, y apartando de mí el daño que intentabais hacerme, os sacaba de las estrechas sendas del instinto para llevaros a las cumbres de la inteligencia... (Murmullos.) Ahora... ¡escuchad! ¿Veis esa ermita, cuya romería celebráis hoy? Será derribada dentro de algunos días...

VOCES ¡Ateo! ¡Ateo! ¡Fuera! (Movimiento de efervescencia y de horror; algunas aldeanas se persignan; Manuel se adelanta a todos.)

CONS. ¡Dejadle hablar! La ermita no es suya.

RAMÓN Lo será; la he cubierto de oro y los vuestros cambian fácilmente los bienes divinos por los humanos.

BRAULIA ¡Blasfemo!

RAMÓN ¡Sobre sus ruinas se alzará el sepulcro de los míos!... ¡Id por última vez a festejar a la abogada de los imposibles! (Movimiento de horror de la muchedumbre.) ¡Contadle mis proyectos, pedidle sus milagros! ¡que os proteja contra el *Ateo,* contra el *Bastardo,* contra el *republicano!* (Tumulto y movimiento en la escena a cargo del director.)

VOCES ¡Al hereje! ¡Al hereje! ¡Vamos!

201

MARÍA   (Procurando llevárselo hacia el Espinoso.) ¡Hijo mío! (Todos los grupos de la izquierda se arrojan con violencia para acometer a Ramón; Luis saca un revólver y se coloca delante de Ramón amenazando a Manuel, que está primero.)

LUIS   ¡Atrás, villanos! ¡que una sola mano se levante y os mato como a perros rabiosos!

ISABEL   ¡Silencio, por mi amor! ¡Silencio, Ramón! (Los grupos se contienen y retroceden atemorizados ante la actitud enérgica de Luis.)

RAMÓN   ¡Id a recoger inspiraciones del cielo! ¡Que os guíen vuestros frailes desde su cátedra! ¡Aprestad el maridaje del error con la envidia, del fanatismo con la soberbia, de la ignorancia con el odio! ¡Mezclad las vilezas humanas bajo la máscara de la fe, y venid todos con vuestros dioses, a luchar contra nosotros! ¡Seréis vencidos! (Con gran entonación.)

ROSA   ¡Sacrílego!

VOCES   ¡Impío! ¡fuera! ¡fuera! ¡A ellos! ¡a ellos! (Los grupos se abalanzan a ellos, algunos levantan palos y botellas.)

LUIS   ¡Ay de vosotros!... (Poniéndose delante de Ramón y cubriéndolo con su cuerpo.)

ISABEL   Mi vida antes que la suya.

PEDRO   ¡Hija mía! (Al ver a su hija en peligro, se abre paso resueltamente por entre el tumulto, y con enérgicos ademanes establece la división, y libra al grupo de la derecha de los ataques del de la izquierda.)

PEDRO   ¡Atrás todos, insensatos! ¡Vais a ser fratricidas!... (Suena una campana en sones de fiesta. Rápido movimiento de actores y comparsas. Doña María, Luis, Isabel y Ramón quedan siempre a la derecha; los demás se vuelven hacia la izquierda; por el fondo cruzan corriendo hacia la izquierda varios de los que había en el escenario.)

202

JUANA (Corriendo a la izquierda, se va.) ¡Al sermón! ¡Al sermón!

ROSA ¡Al sermón! (Se va izquierda.)

VOCES ¡A ellos! ¡A los herejes!

BRAULIA ¡Primero Dios! ¡Primero Dios!

CONS. (Aparte.) ¡Luego ellos! (Se va amenazando. Movimiento general de salida por la izquierda, por donde todos se van corriendo; la campana sigue tocando.)

PEDRO (A Isabel.) Te espera el hogar de tus mayores, donde tanto amor te guarda tu padre... (Le abre los brazos.)

ISABEL (Cruza la escena, y se arroja en brazos de su padre, yéndose los dos. Antes de salir.) ¡Padre mío!

LUIS Ve, Isabel, a ser la hija obediente, mientras las leyes te hacen la esposa amada.

DIONISIA (Cruzando la escena de derecha a izquierda.) ¡El Padre Juan! ¡El Padre Juan!

PEPA ¡Al sermón! (Cruza la escena.)

MARÍA (Despavorida mirando hacia la izquierda.) ¡Allí!... ¡Allí!... Huyamos...(Cae desvanecida en los brazos de Ramón y Luis.)

LUIS ¡El Padre Juan!

RAMÓN ¡Oh! ¡Fraile impío! ¡Desde este momento comienza nuestra lucha! ¡Apresta las fuerzas del pasado para defenderte, que yo invocaré las energías del porvenir para derribarte!

(Cae el telón tocando la campana.)

(Se recomienda, a los directores de escena, pongan el mayor esmero en ensayar "perfectamente," desde la escena sexta, hasta el final del acto.)

FIN DEL ACTO SEGUNDO

ACTO TERCERO

A la derecha bastidores de bosque.— A la izquierda, lo mismo.— En el fondo, bajando hasta mitad de escena, una montaña practicable hasta su mayor altura, todo lo más alta que sea posible; peñascos y grupos de vegetación alternando con la montaña, que ha de tener una vereda en "zig-zag" que termine en la escena, por la cual han de bajar actores; en último término, telón de cielo crepuscular límpido; si es posible, donde las condiciones del teatro lo permitan, téngase preparada para la última escena la salida de la luna por el fondo, de modo que la figura del fraile, que tendrá que bajar por la montaña, se destaque en el cielo; donde esto no sea posible, que haya luz "crepuscular" de abajo a arriba, para que el efecto sea igual. En escena, campeando bien en ella, apoyada en la montaña y en la derecha, una ermita: cayendo por la montaña y a la izquierda, una pequeña cascada (donde se pueda, de agua natural); entre la cascada y la ermita un banco rústico sin respaldo.— La vereda de la montaña ha de salir a escena por el lado de la fuente.— Dentro de la ermita un altar sin ornamento ninguno, con una Santa Rita de talla, muy pequeña: también en la ermita y tocando con la verja una lámpara de pie, perfectamente manuable para que la maneje una actriz; encendida de modo tal que "no pueda apagarla" ninguna corriente de aire del escenario (puede colocarse la lámpara sobre un pedestal.)— Delante de la ermita otro banco.— Es de día; luego anochece a mitad de acto.— La ermita ha de ser bastante alta llegando la cruz hasta muy cerca de las bambalinas, quedando libre el primer término.— Se recomiendan todos los detalles de decoración y accesorios, que son importantes.— Carácter de la decoración, sombrío y agreste.— Preparar entre bastidores tablones de andamiaje.— La verja de la ermita tiene que figurar que es de madera y los dos barrotes (que se cuidará que todos sean ligeros), que corresponden al sitio donde está la lámpara, tienen que estar colocados de modo que la actriz pueda quitarlos, figurando que los rompe con un esfuerzo violento; (fíjense bien los directores de escena al ordenar estos detalles.)— La lámpara ha de ser sacada por el hueco que deje la verja rota.— Algunas panojas de maíz entre los barrotes de la ermita.

ESCENA PRIMERA

TÍA ROSA, BRAULIA Y CONSUELO. Al levantarse el telón tía Rosa entra en escena con una alcuza en la mano; detrás, Braulia y Consuelo.

TÍA ROSA   ¿Vienen ustedes a beber agua de la fuente mila-grosa? (Señalando la cascada.)

CONS.   Y al mismo tiempo a ver qué ocurre por aquí.

BRAULIA   (Que trae una botella en la mano.) Decían ayer que ya había recibido Ramón los documentos que le hacen dueño de la ermita y todos sus alrede-dores.

TÍA ROSA   ¡Qué escándalo para la cristiandad, que se apo-deren los herejes de este santuario!

BRAULIA   ¡La patrona del concejo!

TÍA ROSA   La que presta a estas aguas sus virtudes.

BRAULIA   Yo no sé en qué piensan los reverendos que no han puesto en juego su influencia para evitar el despojo.

TÍA ROSA   ¿Hablaron ustedes con el Padre Juan?

CONS.   Yo hablé.

TÍA ROSA   Y, ¿qué dijo, qué dijo?

CONS.   Nada; que tuviéramos resignación cristiana, que respetáramos los designios de Dios, que a veces consiente estas cosas para probarnos...

TÍA ROSA   ¡Sí: lo que yo digo! ¡Si ese hombre es un santo!

BRAULIA   Lo mismo me aconsejó a mí.

TÍA ROSA   (Volviéndose hacia la ermita.) ¡Y pensar que no he de volver a encender esa lámpara, ni a recoger las panojas que ofrecen los devotos! ¡Vamos, si esto es para volverse una loca!

BRAULIA   No hagas pucheros, Rosa; todavía no se sabe de cierto la noticia, y en todo caso, según lo alborotado que anda el concejo, me parece que no se atreverán por ahora a cometer el sacrilegio, y para cuando se atrevan, ya estaremos bien preparados.

CONS.   No conoce usted a Ramón; está acostumbrado a no ceder nunca.

BRAULIA   Claro; con esa malditísima educación que tuvo...

CONS.   (A Rosa.) ¿Va usted a echar aceite a la lámpara?

TÍA ROSA   Sí, hija; ya sabes que soy santera desde tiempo inmemorial.

CONS.   (Recorriendo la escena, ínterin Rosa abre la puerta de la ermita y figura que atiza la lámpara y recoge las panojas.) Pues, hasta ahora, por aquí no hay síntomas de derribo.

BRAULIA   (Dirigiéndose al manantial, donde figura que llena la botella.) Voy a llenar esta botella; mañana ya mandaré por buena provisión de agua, que en cuanto quiten la ermita, adiós sus virtudes.

ESCENA II.

BRAULIA, CONSUELO, TÍA ROSA y GUARDA.

CONS.   (Al ver el guarda.) ¡El guarda de El Espinoso! ¿Qué traerá por aquí? (Alto.) Buenas tardes; ¿a dónde se va?

GUARDA   (Mostrando un pliego en forma de oficio que trae en la mano.) Voy a llevar esto al cura párroco y como por aquí es atajo desde El Espinoso a Samiego...

BRAULIA ¿Y sabes lo que dice el pliego?

GUARDA Saberlo, no; pero, presumirlo, sí.

CONS. ¿Y qué presumes?

GUARDA Que es una comunicación para que mañana a primera hora vengan de la iglesia a recoger la imagen de esa capilla.

BRAULIA ¡Mañana!

GUARDA Sí, mañana; según parece, les urge derribarla y cercar el terreno; el cura ya debe tener las órdenes directas de Oviedo.

TÍA ROSA (Saliendo de la capilla.) ¿Qué pasa? ¿Qué pasa?

CONS. Nada; que esta tarde es la última que atiza usted esa lámpara.

TÍA ROSA (Persignándose.) ¡Jesús, María, José!

GUARDA Vaya, que no puedo detenerme; con Dios. (Se va por la izquierda.)

TÍA ROSA ¿Conque está decretado? ¡Ni siquiera nos dejan quieta a nuestra patrona!

BRAULIA ¿Y no ha de hacerse nada para defenderla, para demostrar siquiera nuestro sentimiento?

CONS. No tenga usted cuidado; Diego y los mozos están en ello.

TÍA ROSA Pero, y de la boda de Isabel, ¿en qué quedó?

CONS. Pues, en nada; mucho ruido y pocas nueces.

BRAULIA Isabel amansó a Pedro.

TÍA ROSA ¡Padrazo!

CONS. Lo que dice el Padre Juan: —"No es lo malo de los herejes el que lo sean, sino que nada queda sano a su alrededor."—

BRAULIA Ya ves tú: un noble y un cristiano como Pedro, consentir en tal boda con un expósito endemoniado.

TÍA ROSA   Pero al fin, ¿se quedó en que era expósito?

CONS.   Poco menos; hijo adoptivo es una legitimidad a medias, y luego, adopción de viuda.

TÍA ROSA   Pues hace quince días, cuando aquel tumulto de la romería, yo vi el negocio malo.

BRAULIA   ¡Vaya! Gracias a que llegó el Padre Juan a predicar el sermón, que si no... ¡Dios sabe!

TÍA ROSA   ¡Y qué sermón! ¿Oyeron ustedes bien aquello de... "¡Dios lo perdona todo menos la impiedad! Es más fácil entrar en el cielo con un delito que con una falta de fe!..." —¡Si aquello era un pico de oro!

CONS.   Es un hombre que llega siempre al corazón.

BRAULIA   Sabe ofrecernos el camino de la gloria como una seda.

TÍA ROSA   ¡Me parece que le estoy viendo, con su figura tan venerable y tan seria!

CONS.   ¡Es mucho fraile!

BRAULIA   ¡Dios nos le conserve por muchos años!

TÍA ROSA   ¡Amén!

CONS.   Conque ¿se viene usted, Rosa?

TÍA ROSA   Tengo que ir a la otra ermita.

CONS.   (A Braulia.) Pues vamos nosotras... (Se van por la izquierda.)

ESCENA III.

DIEGO, TÍA ROSA.

Diego, durante los últimos diálogos de la escena anterior, aparece por lo alto de la montaña, llegando a escena en el momento de terminar Rosa su monólogo. Diego trae escopeta al hombro y cinto de cartuchos, con un cuchillo de monte.

TÍA ROSA   (Delante de la ermita.) ¡Ay, Santa bendita de mis entrañas! ¡Dios haga un milagro en favor tuyo!

210

¡Ojalá queden muertos esos impíos, antes de que toquen una sola piedra de tu ermita!

DIEGO   ¿Estamos de oración, tía Rosa?

TÍA ROSA ¡Hola, hijo mío! ¿Vas de caza?

DIEGO   Vengo de ella; hay una jabalina en las laderas colindantes con el maizal de Braulia, que está haciendo muchos destrozos, y me dijo Consuelo que a ver si la mataba.

TÍA ROSA Encargo de novia y... de algo más...

DIEGO   ¡Tía Rosa!

TÍA ROSA ¡Vaya, tonto! ¿No ves que soy vecina de ella y atisbo?

DIEGO   ¿Y aunque así sea?

TÍA ROSA Sí, sí, ¡a mí qué! ¡Pues claro! ¡Allá vosotros! Eso, después de todo, nada tiene de extraño... Ahora mismo se van de aquí...

DIEGO   ¿Irán lejos?

TÍA ROSA Un poco detrás del guarda de El Espinoso, ¿no sabes? Lleva la orden al cura para que vengan a recoger a Santa Rita...

DIEGO   Sí, ya lo sé todo: vengo también del convento, de hablar con el Padre Juan; lo sabemos todo, menos el día en que se hará el derribo.

TÍA ROSA Pues por allá abajo va el guarda; ¡si pudieras averiguar!...

DIEGO   Antes de dos horas sabremos lo que haya; tenemos muy bien organizada la vigilancia; voy a alcanzar a Consuelo, para darle noticias frescas.

TÍA ROSA Anda, hijo, y que Santa Rita te acompañe; ¡si hubiera en el mundo muchos como tú!...

DIEGO   ¿Y usted, no viene?

TÍA ROSA Voy a la ermita de la Cruz, y está más cerca por la montaña; de paso echaré un vistazo al Padre Juan.

211

DIEGO   Hasta luego. (Se va por donde Braulia y Consuelo.)

TÍA ROSA   (Comienza a subir por la vereda de la montaña, conforme va andando.) Por aquí está muy cerca el convento.

ESCENA IV.

RAMÓN, ISABEL y DIONISIA.

RAMÓN   (Sale por la derecha, a punto que Isabel entra por la izquierda. Se dan las manos.) ¡Isabel, tú aquí!

ISABEL   Iba a El Espinoso, tenemos que hablar.

RAMÓN   ¿Con mi madre también?

ISABEL   Contigo, sobre todo. (Isabel se vuelve a Dionisia, que llevará una toquilla al brazo.) Dionisia, espérame por ahí; te llamaré si te necesito.

DIONISIA   Está bien. (Se retira al fondo de la escena; la actriz que haga este personaje cuidará de aparecer y desaparecer de la escena, con la naturalidad de una criada que espera a que la llame su ama; lo primero que hará es arrodillarse delante de la ermita y estar algunos segundos, como si rezara un rato.)

RAMÓN   Pues habla.

ISABEL   Ramón del alma; desiste de tus proyectos; huyamos de aquí.

RAMÓN   Isabel, amada mía, tranquilízate, desecha esos temores que te alteran.

ISABEL   ¡Ah! no son temores; es nuestra felicidad que se va hundiendo en abismos de dolor; mi padre ha dicho su última palabra.

RAMÓN   Y bien.

ISABEL   Transige con la boda, aunque sin presenciarla, ni dar su consentimiento legal, porque dice que, siquiera en la forma, quiere protestar; pero no nos rechazará después de casados; será nuestro cariñoso padre.

212

RAMÓN   ¿Pues entonces?...

ISABEL   Impone dos condiciones únicas, mas imperdonables.

RAMÓN   ¿Cuáles?

ISABEL   Que nuestro casamiento sea religioso y que desistas de tus proyectos respecto a esta ermita; ¡los cree sacrílegos!

RAMÓN   Condiciones imposibles de cumplir...

ISABEL   ¡¡Ramón!!...

RAMÓN   ¡Isabel, alma de mis amores! ¿No me conoces? ¿No has nutrido tu corazón y tu inteligencia, con las palpitaciones de mi inteligencia y de mi corazón?

ISABEL   Sí, sí, ¡mi alma es toda tuya!

RAMÓN   Pues entonces, ¿cómo imaginaste que aceptara esas condiciones?

ISABEL   Pero, ¿y nuestra dicha? ¿Y nuestra paz?

RAMÓN   Si me amas, estará donde ambos estemos.

ISABEL   ¿Y mi padre? ¡Y su vejez amargada por mi rebeldía! ¿Cómo dejarle a él, tan bueno, y tan cariñoso para mí? ¿Cómo arrancar de mi frente el recuerdo de su triste vida? ¡Allí, en su palacio metido, llorando la ingratitud de su hija! ¿Puede haber paz donde hay remordimiento?

RAMÓN   (Con gran amargura.) ¿Y cómo, Isabel mía, quieres que fundemos nuestra dicha sobre las ruinas de nuestra conciencia? ¿No ilumina nuestro amor un ideal generoso, lleno de redenciones y de libertad?

ISABEL   Sí, Ramón; para fortalecerle con nuestro ejemplo, pensábamos unirnos.

RAMÓN   ¿Pues cómo aceptar esas dos condiciones que son la primera señal de apostasía a tan alto ideal?

ISABEL   ¡Ay de mí! ¡voy a volverme loca! (Se tapa la cara con las manos.)

RAMÓN   (Con sumo cariño.) Reflexiona, Isabel, ten serenidad; piensa en calma; que supere tu razón a la pasión.

ISABEL   ¡Pasión y razón! ¡Incompatibles términos del problema de la vida!... ¡Oh, yo lo que sé es que sufro mucho! Mis noches son horribles: cuando el insomnio se cansa de martirizarme, viene la pesadilla con sus garras de acero a clavarse en mi frente... (Relatando su sueño con algún extravío y vehemencia.) Te veo huir de mí empujado por un torbellino que arrastra en espirales sin fin; sátiros y brujas con trajes aldeanos; momias petrificadas envueltas en hábitos de fraile; esqueletos ardientes con el sambenito inquisitorial sobre sus huesos; leprosos repugnantes prendidos con albos cendales; ángeles hechiceros con las plantas llenas de fango; murciélagos con cetros de reyes y mitras de obispo; arpías con aureola de santas... Nube de vestiglos[18] que te cercan con algarada ensordecedora, consiguiendo hacerte rodar en un abismo lleno de sombras...

RAMÓN   Delirios de la fiebre. ¡Tu mano arde! (Le toma la mano.) ¡Oh! ¡y no poder comunicarte la serenidad de mi espíritu! Pobre y desgraciada niña, ¿por qué no confías en mí?

ISABEL   ¡Y mi padre!

RAMÓN   ¿Pero imaginas que yo había de arrancarte de su lado? Casémonos por la ley y bajo su amparo; después, el tiempo hará lo demás.

---

18. *Vestiglo:* Monstruo fantástico, horrible.

ISABEL   No; mi padre concede mucho para no exigir que
         le concedamos algo; no cederá; ¡lo conozco!

RAMÓN   Calma, por Dios; ¿qué será de mí si llegan a
         conmoverme tus femeninos dolores? ¿No conci-
         bes mi desesperación? ¿crees, acaso, que por-
         que las lágrimas no surcan mi rostro, no hierve
         un incendio de emociones bajo mi cráneo? ¡Oh,
         Isabel! ¡Los dolores del hombre son como las
         tormentas de los grandes mares: tardan mucho
         en llegar a las orillas!

ISABEL   (Con arranque de pasión.) Ramón mío, perdóname.
         Sí, sí; debes sufrir aún más que yo; eres el árbi-
         tro de nuestro destino, ¡qué lucha habrá en ti!
         Por un lado toda la fe de tu existencia, todo el
         fin social de tu vida, por otro...

RAMÓN   Tus lágrimas, tu corazón palpitante de amor y
         estrujado por mis propias manos.

ISABEL   ¡Ah! Ramón, ánimo; no luches, no vaciles, no
         cedas... mi dicha, mis remordimientos, mi
         vida... toda yo, ¿qué soy ante la representación
         humana que llevas en tu frente? ¡Haz lo que de-
         bas! ¡Siempre me tendrás a tu lado!

RAMÓN   ¡Así, así llevas a mi espíritu el rayo de luz de un
         mundo perfecto! ¡Quisiera Dios que mi madre
         comprendiera de tal modo la situación!

ISABEL   Tu madre...

RAMÓN   No razona sino con el sentimiento que se des-
         borda en ella, anegándolo todo; dijérase que no
         es mi madre adoptiva, sino mi verdadera madre.

ISABEL   (Con resolución.) Yo la convenceré.

RAMÓN   Ímprobo trabajo.

ISABEL   Vamos a El Espinoso.

RAMÓN   Yo no puedo moverme de aquí; espero a Suá-
         rez, el arquitecto.

ISABEL   (Mirando a todos lados.) ¡Ah!... yo iré; necesitas un muro de corazones fieles que te defiendan de ti mismo.

RAMÓN   ¡Ángel de mi vida!

ISABEL   Ramón, cuando contempla mi alma la grandeza de la tuya, me avergüenzo de mi dolor.

RAMÓN   Eres el iris que ilumina mi voluntad con destellos de esperanza.

ISABEL   Que mis lágrimas queden evaporadas ante tu corazón, como el rocío ante los rayos del sol.

RAMÓN   (La abraza.) ¡Isabel!

ISABEL   (Antes de salir.) Voy a ver a tu madre. ¡Adiós! (Se va por la derecha, haciendo seña a Dionisia, que la sigue.)

ESCENA V.

RAMÓN, después SUÁREZ el arquitecto.

RAMÓN   (Como vencido por el dolor, se sienta en el banco que habrá delante de la ermita.— Antes de sentarse, viendo por donde se fue Isabel.) ¡Cómo corre! ¡Isabel del alma! ¡Destino cruel! (Se sienta.) ¡Qué círculo de dolores se extiende en torno mío!... ¡El porvenir!... ¡La vida!... Los grandes ideales por la humanidad y por sus días futuros, ¿serán incompatibles con nuestra misión de mortales?... ¡Oh, duda horrible!... ¿Cuál es mi deber?... ¡Mi cerebro estalla! ¡Me hicieron dudar de mí!... ¡Impíos!... ¿Ellos o mis pasiones?... ¿Es que mi corazón comienza a dejarse llevar del egoísmo, o es que esos miserables tienen más razón que yo?... Entre ellos están mi madre, Isabel, Luis... todo lo que amo; ellos, tan buenos, quieren lo mismo. ¡Que diga creo, sin creer!... ¡Que respete, sin sentir el respeto!... ¡Que aumente el núcleo de la degeneración, llevando el átomo de mi degenerada personalidad!... (Se levanta vivamente.) ¡Oh, madre Naturaleza! ¡Préstame fuerzas! ¡Vive en mí, según te plugo hacerme!... Loco o héroe, que sea fiel hasta morir a la órbita que me trazaste.

ARQ. (Entrando por la izquierda.) ¡Señor Monforte!

RAMÓN Llámeme usted Noriega; ya sabe usted que no tengo otro apellido... ¿Ha mandado traer el andamiaje?

ARQ. Sí, señor. (Durante esta escena entran dos obreros con tablones de andamiaje, que van colocando apilados a alguna distancia de la ermita, en segundo término.)

RAMÓN Ermita y terrenos adyacentes, todo, es ya mío, mañana el cura párroco vendrá a incautarse de la imagen.

ARQ. ¿Y quiere usted que en seguida comience el derribo?

RAMÓN El primer piquetazo quiero que suene en cuanto saquen la imagen.

ARQ. Pues las herramientas aquí están, pero hay una dificultad. (Diego aparece en el fondo, y se oculta entre los peñascos oyendo esta escena, y marchándose por la izquierda detrás de Suárez; que el público se entere de esta entrada y salida.)

RAMÓN ¿Cuál?

ARQ. No hay trabajadores que quieran encargarse del derribo; ya sabe usted qué fanatismo tienen por esa ermita, en donde creen que se apareció la santa.

RAMÓN Doble usted los jornales...

ARQ. Los he triplicado; para mí hay manos ocultas en el asunto.

RAMÓN   ¿Y qué hizo usted?

ARQ.   He mandado venir obreros de Gijón; allí son avanzados.

RAMÓN   Pero tardarán en llegar lo menos tres días, ¡un siglo para mi impaciencia!

ARQ.   No habrá otro remedio.

RAMÓN   E ínterin, ese monumento en pie, probando nuestra impotencia y estimulando su impudicia.

ARQ.   ¡Don Ramón!

RAMÓN   ¿Cuánto tiempo calcula usted que se tardará en derribar eso?

ARQ.   Con tres hombres, en un día. (Después de echar una ojeada a la ermita.)

RAMÓN   ¿Usted está resuelto a complacerme en todo?

ARQ.   Ideas y gratitud me unen a usted.

RAMÓN   Pues bien; mañana, usted, don Luis y yo, derribaremos la ermita.

ARQ.   ¡Nosotros mismos!

RAMÓN   Es poco trabajo, con eso les probaremos que alma y cuerpo van acordes.

ARQ.   Yo contaba con que tendríamos que defender a los trabajadores forasteros, porque todo el concejo está en efervescencia; pero siendo nosotros mismos, no respondo de lo que pase.

RAMÓN   Nos defenderemos.

ARQ.   Secundaré sus propósitos, pero hay otra dificultad.

RAMÓN   Veamos.

ARQ.   Para hacer el derribo mañana, habría que poner esta tarde dos escaleras y unos tablones para quitar la campana; poca cosa; tampoco hay quien los ponga.

RAMÓN   También lo haremos nosotros. ¿Qué hora es?

ARQ.   (Sacan a la vez los relojes.) Las cuatro.

RAMÓN Pronto anochecerá; cuando cierre la noche, venga usted y dejaremos puestas las escaleras.

ARQ. ¡Raro espectáculo! ¡Quiera Dios que no se convierta en tragedia!

AMÓN Tendré calma, pero si se empeñan, habrá lucha; a veces, también morir es vencer.

ARQ. Convenido; hasta la noche.

RAMÓN Traiga usted hachas de viento...

ARQ. No hacen falta; basta con esa luz.

RAMÓN Con eso alumbrará su propia muerte. (Al arquitecto. El arquitecto se va por la izquierda.)

ESCENA VI.

RAMÓN, ISABEL, DOÑA MARÍA y LUIS, por la derecha.

ISABEL Ramón, hemos llorado juntas y aquí estamos, trayendo una solución.

MARÍA ¡Hijo mío! ¡No niegues a tu madre este supremo favor que va a pedirte!

LUIS La prudencia, Ramón, es compatible con todos los ideales; lo que te van a pedir es sólo prudencia.

RAMÓN A veces, la debilidad entra en el alma del brazo de la prudencia.

LUIS Ya verás; es de razón lo que piden.

RAMÓN Habla, madre.

MARÍA Desiste... temporalmente, nada más que temporalmentre, de tus proyectos.

ISABEL Yo te esperaré, guardándote mi amor.

MARÍA Un año sólo.

ISABEL Mi cariño y mi inteligencia sabrán convencer a mi padre...

MARÍA Nos ausentaremos por unos meses de la aldea, y, al volver, estarán calmadas las pasiones.

ISABEL	Tus proyectos, todos ellos, podrán seguir ejecutándose...
ISABEL	La transición será suave: primero se cierra la ermita, después se derriba.
LUIS	Ínterin, acaso yo, de quien tanto te burlas, pueda hallar un medio para amansar a los frailes...
MARÍA	Sí; es posible que cambie el porvenir.
ISABEL	Un año sólo; un año y seremos felices.
RAMÓN	Madre, Isabel, Luis: creed en mí. Al año estaremos igual que ahora; las concesiones hechas a la ignorancia, al fanatismo y a la crueldad, lejos de matar sus fueros, los aviva.
LUIS	¡Siempre viéndolo todo desde el punto doctrinario!
MARÍA	¡Siempre sobre el nivel de nuestra vida!
RAMÓN	Si el alma del hombre no tendiera a levantarse, ¿cómo hubiéramos pasado desde la edad de piedra a la moderna edad?
ISABEL	Detenerse, no es renunciar al avance.
RAMÓN	Toda parada, es, en la vida, un retroceso: yo no quiero ser de los últimos, ni de los de enmedio; quiero ser de los primeros...
LUIS	Pero es que acaso vas a la muerte... y entonces...
RAMÓN	¿Averiguaste si el morir no es avanzar?
LUIS	Si no te conociera, dijese que estás demente.
ISABEL	¡Oh, no! ¡Ramón es un héroe!
RAMÓN	¡Heroísmos y demencias! ¡He ahí los polos de nuestra vida humana!
LUIS	No veo la necesidad de acudir a los extremos...
RAMÓN	No me pidas cuentas que yo no puedo darte: cuando el águila vuela, ¿qué sabe ella de sus plumas?

MARÍA	¡Hijo mío! Pero, ¿y nosotras, y nuestra dicha, y nuestra paz?
RAMÓN	¡Madre del alma! ¡Isabel! ¡Si con toda mi sangre pudiera libraros del tormento que sufrís, mi propia mano abriría la herida para que gota a gota se vertiera!
MARÍA	Y, sin embargo, no accedes a nuestro ruego.
RAMÓN	Me pedís más que mi sangre, ¡mis ideas!... lo que no pueden las fuerzas humanas arrancar de nuestro ser.
ISABEL	¿De modo...?
RAMÓN	Que no puedo complaceros.
MARÍA	¿Esa ermita...?
RAMÓN	Será derribada.
ISABEL	¿Nuestra boda...?
RAMÓN	Si eres fiel a tus juramentos, se hará ante la ley.
LUIS	¿Mediante el depósito?
RAMÓN	Y en este concejo.
LUIS	¡Y tú hablas de violencias ajenas!
RAMÓN	Un muro de granito se derrumba con el hierro y con el fuego.
MARÍA	¡Dios mío!
RAMÓN	Madre, regresa a El Espinoso: la noche se echa encima... (La luz baja, pero suavemente; no hace sino amenguar.) Luis te acompañará: yo, ínterin, acompañaré a Isabel hasta las primeras casas de Samiego.
MARÍA	¡Ah, cruel! ¿Conque todo es inútil?
RAMÓN	¡Madre, no tienes piedad de mí!
MARÍA	¡Dios la tenga de todos nosotros!
RAMÓN	(Aparte a Luis.) (En cuanto dejes a mi madre, vuelve aquí.)
LUIS	(A Ramón, aparte.) (Bien.) (Alto.) Vamos, doña María.
MARÍA	(Aparte a Luis.) (¿Tendréis que abrir el pliego?)

221

LUIS	(A doña María.) (Aún hay tiempo.)
MARÍA	(Abraza a Ramón.) ¡Hijo!
RAMÓN	Tranquilízate; no corro ningún peligro.
ISABEL	(Sola) ¡Oh, mi corazón me dice que sí! (Aparte a Luis.) ¿Qué le ha dicho Ramón?
LUIS	(Aparte a Isabel.) (Que vuelva a buscarle.)
RAMÓN	Vamos, madre, regresa a casa.
ISABEL	(Sola.) No los perderé de vista esta noche.
MARÍA	¡Que no tardes, hijo mío! (Se van Luis y doña María por la derecha.)

ESCENA VII.

RAMÓN e ISABEL.

RAMÓN	Ahora nosotros; vamos, te dejaré a la vista de la aldea.
ISABEL	(Con recelo.) Y tú, ¿qué harás después?
RAMÓN	(Brevemente.) Volver a El Espinoso.
ISABEL	(Con zozobra y temor.) ¿Y... cuándo... derribas... eso...? (Señalando a la ermita.)
RAMÓN	Pronto: ya tiene el encargo Suárez.
ISABEL	¿Y... esos andamios?
RAMÓN	Preparativos.
ISABEL	¡Ramón... tú no sabes la agitación que hay allá abajo...!
RAMÓN	(Con energía.) ¡Isabel!... ¡O a mi lado o enfrente de mí!
ISABEL	Pero... ¿esos andamios?
RAMÓN	Mañana empezará el trabajo.
ISABEL	¿No me engañas?
RAMÓN	¡Vamos a casa; lo mando!
ISABEL	(Antes de salir del brazo de Ramón.) ¡Oh!... ¡Yo volveré a velar por ti! (Se van por la izquierda.)

222

ESCENA VIII.

DIEGO, MANUEL y JUSTO entran por la izquierda, pero por sitio
distinto del que dio la salida a Ramón e Isabel.

DIEGO   (Examinando los andamios a la vez que Justo y Manuel.
Lleva el cinto y el cuchillo.) Ya lo veis; he aquí los
andamios.

MANUEL   Se dice que no han encontrado trabajadores.

DIEGO   Aunque procuran recatar bien sus planes, he lo-
grado saber algo que os horrorizará; Ramón,
Luis y el arquitecto van a derribar ellos mismos
la ermita.

JUSTO   Los demonios hacen por su mano todas sus
obras.

MANUEL   ¡Qué sacrilegio!

JUSTO   ¿Y lo consentirá Dios?

DIEGO   No lo consentiremos nosotros; esta noche vienen a poner los andamios.

JUSTO   ¡Todo lo sabes, Diego!

DIEGO   ¡El odio es buen espía!

MANUEL   ¿Y qué hacemos?

DIEGO   Velar por estos alrededores, y si osan profanar-
la, ¡a ellos!

JUSTO   (Con horror.) ¡Sangre!

DIEGO   ¿Quién habla de tal cosa? Con buenas estacas
del monte... Se les sujeta primero y luego una
paliza, que magulla y no mata.

MANUEL   En mal negocio nos hemos metido.

JUSTO   ¡Sí!

DIEGO   ¡Qué tontos sois! Detrás de nosotros está doña
Remigia, el Padre Juan, la aldea entera y... ¡no
tengáis miedo!

JUSTO   Pero ello es que le vendieron la ermita a Ramón.

223

DIEGO ¿Y qué sabes tú, si lo que quieren es que se desprestigie para siempre con sus excesos?

MANUEL ¡Ah! ¡Ya!

DIEGO ¿Qué sabes tú de las políticas del mundo?

JUSTO Entendido; nosotros somos la mano y sólo nos toca obedecer a la cabeza.

DIEGO ¡Justo!

MANUEL ¿Conque por esta noche?...

DIEGO ¡Andemos por aquí, y si lo que sospechamos es cierto, a defender a nuestra patrona!

JUSTO ¡Silencio! Se oyen pasos hacia El Espinoso.

DIEGO Ocultémonos. (Se ocultan los tres entre los matorrales del fondo.)

ESCENA IX.

LUIS Y RAMÓN.

LUIS (Entrando derecha.) ¡Qué tarde más hermosa! ¡qué noche tan serena se prepara; la naturaleza entera parece que canta un himno de paz! ¡y aquí en este mísero rincón del mundo, tanta guerra! (Se acentúa la obscuridad.) (Pausa. Luis se sienta.) ¿Qué demonios me querrá Ramón? ¡ese atleta a quien los modernos tiempos ofrecen pedestal de barro!... En fin, ¡cómo ha de ser! digamos lo que el árabe: *está escrito*. En cuanto a mí, le seguiré hasta el fin; Ramón es de los que atraen, de los que sugestionan... desde lejos me parece un loco, a su lado me contagio de sus locuras. (Se levanta.) Aquí viene. (Ramón entra por la izquierda.) ¿Qué querías, Ramón?

RAMÓN (Volviéndose hacia el sitio de donde viene.) ¡Oh! ¡qué trabajo me costó convencerla que siguiese a la aldea!

LUIS — También me costó trabajo dejar a tu madre en El Espinoso.

RAMÓN — Naturalezas de mujer, llenas de amor y faltas de raciocinio.

LUIS — No tanto, Ramón; el amor suele a veces ser un buen guía del entendimiento. ¡Ah!, en el fondo, sus sentimientos son más humanos que tus ideas.

RAMÓN — (Con violencia.) ¿Volvemos a las mismas?

LUIS — Ya no vuelvo a decir una palabra, ¿qué querías?

RAMÓN — (Se sienta.) Lo primero, quiero tranquilizarme; Isabel me conmovió, quería a todo trance pasar la noche a mi lado.

LUIS — ¿Y por fin?

RAMÓN — La convencí de su imprudencia... (Pausa.)

LUIS — ¿Y nosotros, vamos a echar raíces en este sitio? (Anochece del todo.)

RAMÓN — Nosotros vamos a trabajar.

LUIS — ¿En qué?

RAMÓN — En poner esos andamios alrededor de esta ermita... si es que no te niegas a ayudarme.

LUIS — ¡Yo!, yo no me niego a nada de lo que me pidas; ¿qué hay que hacer?

RAMÓN — Espero a Suárez, que vendrá bien entrada la noche.

LUIS — Te advierto que hoy no traigo revólver.

RAMÓN — ¡Bah!, no ha de hacer falta.

LUIS — Bueno. Pues ínterin viene el arquitecto, podemos hacer algo. (Diego, Manuel y Justo, escondidos entre los matorrales.)

DIEGO — (A Manuel en el fondo.) ¿Qué tal, eh? estaba yo bien informado. (Aparte.)

LUIS — (Volviéndose hacia la ermita y entre serio y jocoso.) ¡Ah! ¡Santa Rita, abogada de imposibles! No desmientes tu abogacía al transformar en albañil a todo un doctor en leyes.

RAMÓN   No te burles, Luis; el lance es serio.

LUIS   Pues por eso me burlo; ¡bueno sería que para coro del peligro entonáramos el *gori gori*... Mira, tú, que como ingeniero eres casi casi el número uno de los albañiles, dime por dónde empiezo.

RAMÓN   (Se dirige hacia los tablones y coge uno por una punta.) Coge ese tablón. (Luis coge el tablón y entre los dos lo llevan al lado de la ermita.) ¡Ajajá!, aquí delante.

LUIS   Mira cómo chisporrotea la luz (Señalando a la lámpara de la capilla.); parece que tiene miedo.

RAMÓN   No anda lejos de su agonía.

LUIS   ¡Ay, Ramón! Aquí se apagará, pero se encenderá en otra parte. Faltan muchos siglos para que brille sola esta de nuestro cerebro. (Señalando a la frente.)

RAMÓN   (Cogiendo otro tablón.) Vamos, coge ahí. (Luis va a coger a otra punta del tablón, pero en el mismo momento salen del fondo Diego, Manuel y Justo, y con su presencia rápida hacen retroceder a Ramón y Luis delante de la ermita.)

ESCENA X.

RAMÓN, LUIS, DIEGO, JUSTO, MANUEL. Luego ISABEL.

DIEGO   (Entrando.) ¿A qué esperamos? ¡A ellos!

RAMÓN   ¡Miserables!

LUIS   (Empieza lo mejor.) (Alto.) ¡Canallas!

DIEGO   Si volvéis a tocar esos muros (Señalando a la ermita.) os vamos a moler las costillas.

LUIS   Si nosotros nos dejamos, ¿verdad? (Con sorna.)

RAMÓN   ¡No quedará de ellos piedra sobre piedra!

226

JUSTO   ¡A ellos! (Se abalanzan a Luis, Justo y Manuel, y tras lucha de medio segundo, lo sujetan, llevándoselo al fondo.)

LUIS   (Mientras se defiende.) ¡¡Villanos!! ¡¡Asesinos!!

ISABEL   (Entra en escena, y al ver a Diego luchando con Ramón, con un movimiento natural se arroja sobre el grupo.— Todo esto rápido y vivo.) ¡Ramón! ¡Ay! ¡Socorro!

MANUEL   (A Diego.) Éste ya no se mueve. (Derriban a Luis al suelo y lo atan.)

ISABEL   ¡Diego! ¡Malvado, suelta!

RAMÓN   (Pegándole una bofetada.) ¡Toma la segunda!

DIEGO   (Desenvaina el cuchillo de monte, y le da una puñalada en la espalda a Ramón.) ¡Y tú la tercera!

RAMÓN   (Tambaleándose.) ¡Ay! ¡Soy muerto!

DIEGO   Yo doy tarde, pero firme. (Justo y Manuel, al ver herido a Ramón, sueltan despavoridos a Luis y se van por la izquierda. Antes de salir dicen:)

JUSTO   ¡Sangre!

MANÓN   ¡Huyamos! (Se van.)

ISABEL   (Sosteniendo a Ramón, que ha caído junto al banco que hay entre la cascada y la ermita, al pie de la vereda de la montaña) ¡Socorro! ¡Al asesino!

DIEGO   (Despavorido, con el cuchillo en la mano.) ¿Quién me salvará? ¡Ah, sí! ¡Corramos! (Se va corriendo por la vereda de la montaña. Sube corriendo.)

ESCENA XI.

LUIS, RAMÓN E ISABEL.

LUIS   (Que se ha levantado, desatándose por sí mismo con algunos esfuerzos, se acerca rápidamente a Ramón.) ¡Estás herido! ¿Dónde?

RAMÓN   Aquí, en la espalda.

ISABEL   Donde sólo pueden ellos herir.

227

LUIS   ¡Ánimo, Ramón!

RAMÓN   Isabel, Luis; es inútil. Me siento morir. Llevad-
              me junto al manantial: que se mezcle mi sangre
              con su limpia corriente...

LUIS   ¡Valor! ¡Voy a buscar socorros!

ISABEL   Sí, sí. ¡Socorro! (Gritando.)

RAMÓN   (A Luis.) ¡No la dejes sola! ¡No hay remedio!
              ¡Que se empape la tierra con mi sangre! ¡El por-
              venir surge del ara del martirio!

MARÍA   ¡Dios mío! ¡Luis, salvadle! ¡Ramón de mi alma!
              (Se abraza a él. Luis le sostiene.)

RAMÓN   (Con tono profético y jadeante.) ¡Tus lágrimas y mi
              sangre! ¡Dejad que corran juntas! ¡Ellas santifi-
              carán nuestros ideales! ¡Las víctimas obscuras
              preceden a las grandes transformaciones huma-
              nas! ¡Isabel mía! ¡Valor! ¡Te dejo al frente de la
              lucha. Mi fortuna entera, a cambio de mi sepul-
              cro sobre esas ruinas... (Séñala a la ermita.) ¿lo ju-
              ras?...

ISABEL   ¡Por mi alma lo juro!

RAMÓN   Luchemos donde podamos... ¡Luis, mi ma-
              dre!...

LUIS   ¡Ramón, hermano mío! ¡Ten sosiego!

RAMÓN   ¡Silencio! ¡El nuevo día... ya resplandece!...
              (Delirando.) Viene lleno de rumores. Es el himno
              de la libertad, que inunda las conciencias.

ISABEL   ¡Socorro! ¡Luis, socorro!

RAMÓN   ¡Silencio! ¡Dejadme seguirle! ¡Se hunde el odio!
              ¡Triunfa el amor! ¡La verdad comienza su reina-
              do!... ¡El nuevo día!... ¡La nueva edad! ¡Paso...
              paso al alma! (Muere.— Pausa.)

LUIS   ¡De rodillas! ¡Isabel, ha muerto un justo! (Luis
              sostiene el cadáver de Ramón, y lo deja deslizarse desde el
              banco al suelo. El actor que haga de Ramón tiene que cui-

dar de quedarse en una posición cómoda, pues ha de estar un rato en escena: posición artística, a la vez, para que luego resulte conmovedor y sombrío el cuadro final.)

ISABEL (Con desesperación vehementísima abrazada a Ramón.) ¡Ramón... Ramón! no... ¡no quiero! mírame... oye... ¡habla!... responde... soy yo... Isabel... ¡la amada de tu alma!... espera... espera... no te vayas aún, que está muy lejos la muerte de mi juventud...

LUIS (Procurando apartar a Isabel del lado de Ramón.) Isabel, valor; es menester ser digna de ese mártir.

ISABEL ¡Ramón de mi alma!... ¡oh, Dios mío! ¡Esto es horrible!

LUIS Venid; vamos; busquemos gente; es menester recoger ese cuerpo querido.

ISABEL (Con fiereza de calentura.) Dejarle aquí solo, ¡no! Id a buscar socorro; yo aquí espero. (Transición a la ternura.) Es la última noche de mi vida en que podré mirar alguna luz, la que haya en sus ojos antes de cerrárselos.

LUIS Sed digna de Ramón: hay algo más grande que velar su cadáver.

ISABEL Sí, ya lo sé, vengarle.

LUIS Pues, bien, venid.

ISABEL Ahora no; ¿sabéis si sus enemigos se contentarán con haberle asesinado? ¡En esa raza hay también chacales! ¡Ese cadáver es sagrado: es el de un mártir!

LUIS Isabel, ¡por Dios! ¡en esta soledad!...

ISABEL ¡Qué me queda en el mundo, sino la soledad!

LUIS Pues bien, hermana mía, iré; valor... (Hace ademán de marchar.)

ISABEL (Deteniéndole) Dadme un arma; para mi corazón

229

han terminado las horas de ternura y comienzan las de crueldad.

LUIS   (Busca en los bolsillos un arma) Un arma... no podré... (Dá con el pliego que le entregó doña María en el segundo acto y al cual hizo referencia en la última escena anterior.) Aquí... ¿qué es esto?... ¡Desgraciada madre, qué dolor la espera!

ISABEL   Esos papeles... ¿son de su madre? ¿qué dicen?

LUIS   No lo sé, pero guardan el secreto del nacimiento de Ramón.

ISABEL   Dádmelos.

LUIS   Sí, tomadlos; doña María dejó a mi voluntad hacer uso de ellos. Ánimo, El Espinoso está cercano; dentro de poco, Ramón dormirá en su hogar el último sueño. (Se va, derecha.)

ESCENA ÚLTIMA.

ISABEL, luego el PADRE JUAN.

ISABEL   ¡Oh! ¡Sola! (Se arrodilla ante el cadáver de Ramón y hace ademán de cerrarle los ojos.) Sin él... para siempre... No... ¡Dios mío! ¡Haz que me espere en la eternidad! ¿Y he de vivir aún?... Sí, tengo que cumplir mi juramento!... ¡Aquí, aquí será su sepulcro!...¡Al lado de tu hogar! ¡Su hogar, estos papeles!... ¿Qué misterio ha encerrado su vida?... (Se acerca a la capilla, poniéndose al lado de la verja donde ilumina la lámpara y abre el pliego; la acción unida a la palabra.) Veamos... Un retrato... y aquí escrito. (Lee.) ¡Cielo santo! ¡Justicia divina, y aún habrá quien te niegue! ¡Ah, Ramón; Dios se pone de tu parte! (En este instante aparece por la senda de la montaña, destacándose la figura en el cielo, el Padre Juan, fraile franciscano; trae la capucha caída; el aspecto venerable.) (La combinación de la bajada del fraile con el monólogo de la actriz, ha de estar perfectamente ensayada si ha de hacer el efecto deseado.) ¿Qué sombra es aquella? ¡Providencia bendita! ¡El Padre Juan! ¡Aquí la víctima y el verdugo!... (En medio de la escena retándole.) ¡Oh! ¡Baja, sombrío fantasma de un mundo de tinieblas y dolores!...Ven a posarte como ave fatídica sobre los despojos de tu rencor. No serás salvo, ¡no! Pensaste ofrecer a Dios en rescate de tus culpas la muerte de un hereje, y Dios te contesta con el cadáver de ¡tu hijo!!... (Transición de la actriz, que vuelve hacia el espectador.) Pronto... ¡Estos papeles!... Así; prendidos con esta aguja. (Se quita una aguja de oro que llevará al pelo y atraviesa con ella todos los papeles y el retrato.) Donde los vea bien... ¡en su mano!... (se los pone a Ramón en la mano; posición que esté bien ensayada); Ramón; enséñale a tu padre las pruebas de tu nacimiento. ¡Ah! Pero esta sombra... Esa luz... (Señalando a la de la ermita.) Sí... Sí... ¡qué idea! (se dirige hacia la verja y después de algunos esfuerzos simulados, rompe los barrotes de madera que, como se sabe, están preparados al efecto.) ¡Maldita verja!... ¡Por fin!... (Coge la lámpara y la lleva, colocándola sobre el banco en donde apoya su cabeza Ramón.) ¡Ven, luz encendida por el error de las conciencias, luce junto a la verdad!... (Se pone junto a los bastidores de la derecha para decir las últimas palabras.) Ahora baja; ¡comience tu castigo!... Que mañana, cuando vuelvas a esos altares a predicar el odio, te grite la conciencia: ¡Parricida!... ¡Parricida!... (El fraile ha de pisar la escena al decir Isabel las últimas palabras.)— Cae el telón rápidamente.

FIN DEL DRAMA

Esta escena y cuadro final han de ser rápidos, como la situación de los personajes requiere; el cuadro final tiene que cuidarse mucho de que resulte artístico, sin que por eso deje de ser sombrío.

Se recomienda que la lámpara sea de gasolina o de algún otro combustible que no se apague y que ofrezca seguridad para su manejo.

Apuntes de estudio
para los tres papeles más importantes del drama

PAPEL DE ISABEL (26 AÑOS)

Es el papel más importante de la obra, por pesar sobre ella la última escena del drama, en donde radica y está el *peligro* y de la cual depende, en parte, el éxito. Isabel es la personificación de la mujer del porvenir; de la mujer ideal, de la mujer que ha de surgir en la gran familia humana como producto acumulado de todas las herencias de nuestras heroicas *antepasadas* y de nuestras ilustradas *presentes*. Como tipo ideal, Isabel tiene que ser muy estudiada por la actriz, que ha de cuidar de librar al personaje de toda vurgaridad; en ella han de dominar dos pasiones, mejor dicho una pasión, y una convicción; la pasión hacia Ramón y la convicción en la inmortalidad; panteísta sin saberlo, ella ha de representar la *razón* emancipada de todo dogma, de toda doctrina; creyendo sólo en el gran *Todo* que forma la naturaleza tan magníficamente manifestada en los soberbios paisajes de la región asturiana; ha de representar una naturaleza selecta, espontánea, noblemente activa, con la altivez prestada por su raza y por la propia conciencia de su valer; junto con este lado heroico, digámoslo así, de su carácter, ha de mostrarse sencilla, dulce, casi niña en sus ademanes, en su voz, en su modo de ser, hasta la escena final del *tercer acto:* aquí la exacerbación del dolor ha de levantarla hasta un carácter trágico: cuide bien la actriz de no caer en el sentimentalismo en el final del drama; en aquellos momentos ha de pasar como sobre ascuas por el dolor agudo que le cause la muerte de Ramón, para llegar en seguida a personificar a la mujer de raza goda, cuya valiente energía se sobreponía a todos los dolores femeninos, ante la idea de vengar a los seres amados. Al decir la actriz las dos palabras *¡Parricida! ¡parricida!* su voz ha de vibrar como la hoja de su puñal, de modo que el público *sienta* que con aquellas palabras el castigo del fraile se realiza; esta escena final del drama, mejor dicho, el monólogo de Isabel, que es la escena final, ha de estudiarla la actriz concienzudamente en todas sus palabras y signos; repito que de ella depende el éxito de la obra.

Los ademanes, los modos de la actriz, a más de los intrínsecos al carácter que queda expresado, han de estar dentro de la educación más esmerada, pero sin sombra de afectación ni amaneramiento. Isabel ha de hacerse profundamente simpática al público que tiene que decir *mujeres como ésa no las hay, pero así deberían ser todas.*

Trajes graciosos, modernos en el primero y tercer acto; de aldeana asturiana, según la descripción del segundo acto.

PAPEL DE RAMÓN (28 AÑOS)

Ramón es el drama: es la figura sintética de la obra; como Isabel, es ideal, abstracto, de *carne y hueso* no hay ningún Ramón, pero lo habrá: lo dice, la lógica del pasado, que descubierto ante las leyes de selección, muestra en un porvenir no remoto los hombres viriles sobre los hombres degenerados. Ramón es el héroe de todos los tipos, que lo será también en el porvenir para bien de nuestra patria y progresión de nuestra raza. Como ideal, al encarnarse en la escena, no ha de vulgarizarse: además de su representación como tipo ideal, tiene otra: es la nueva Iglesia (cuyo dogma será la razón ilustrada por la ciencia), luchando contra la vieja Iglesia, representada en el drama por el grupo de personajes cuya alma, cuya esencia, cuyo *espíritu* es el Padre Juan; de modo que Ramón como hombre ideal y como doctrina también ideal, ha de ser un personaje muy estudiado, muy cuidadosamente sobrepuesto a todo lo que sea rutinario; ha de tener un poco de soñador, otro poco de maníaco, otro poco de egoísta; y sobre todo, una personalísima fuerza de concentración hacia todo lo que constituye sus ideales, única pasión, único objetivo, una vitalidad psicológica de Ramón. Ramón ama a Isabel, pero en segundo término; como todos los redentores (o los que se creen serlo). Ramón no ama a nadie más que a su obra de redención; fíjese bien en esto el actor, porque en el tercer acto ha de sobresalir enérgicamente esta obsesión de Ramón hacia la realización de sus ideales. En el tercer acto es donde el actor ha de estudiar mucho; el segundo es de sentimiento, de acción; las energías de Ramón puestas en contacto con las bajas pasiones de sus contrarios, producen naturalmente las escenas del segundo acto; en el tercero es donde Ramón se levanta a su verdadero carácter y por eso en el tercero tiene que estudiar el actor todas las frases y palabras, sobre todo el monólogo, que es donde está condensado el carácter de Ramón, monólogo cuyo fin es lo que dice cuando muere.

Modales, voz, acción general, entonada de modo que sobresalga como excepcional sobre todos los personajes que le rodean.

Trajes elegantes, pero sin rigorismo en la moda; no se olvide que Ramón es millonario.

El personaje ha de aparecer profundamente simpático,

arrastrando al público hasta cuando se muestre más intransigente, que es en las escenas del tercer acto.

PAPEL DE LUIS (25 AÑOS)

Carácter simpático, con la simpatía que despiertan los hombres del siglo, es decir, con una simpatía un tanto recelosa y prudente. Perfectamente ateo; completamente egoísta en teoría y absolutamente generoso y abnegado en los hechos; este personaje ha de mostrarse como un tipo, como una *concreción* de nuestra época, descreída, materialista, sensual, epicúrea, y al mismo tiempo magníficamente humana, racional, filantrópica y abnegada; al exterior y aún en el fondo llena de un petrificante egoísmo, y en los actos y en los fines henchida de un sublime amor al género humano, hasta en los últimos límites de su porvenir. Luis es el alma, el espíritu, la esencia de nuestra sociedad, que hace un bien, lanzando un epigrama y realiza un beneficio envuelto en una sátira. Sus palabras han de ser siempre intencionalmente dichas; sus modales naturales, impregnados de una cierta afectación de escepticismo, hastío e indiferencia, propia de los hombres que creen vivir sólo por la razón; ha de resultar un *buen muchacho,* aun a través de su epicurismo, de su culta sátira, y de su desprecio hacia la humanidad.

Voz vibrante, incisiva, pero no dañina; voz imperativa del que tiene la seguridad de no tener corazón, pero del que en realidad le tiene; ademanes del más perfecto caballero moderno. Traje moderno de completa elegancia.

En la escena final del drama, sin descomponerse, debe, sin embargo, marcar el personaje el dolor real que le embarga; los personajes *Luis* e *Isabel,* son en realidad, los árbitros del éxito del drama, pues en la escena final que ellos hacen, es donde existe el peligro para la obra.

Índice de láminas

❦ ❦ ❦

ESTE LIBRO
SE TERMINÓ DE IMPRIMIR
EL DÍA 16 DE JUNIO DE 1990

❦ ❦ ❦ ❦ ❦ ❦ ❦ ❦ ❦

TÍTULOS PUBLICADOS